好服务源自好管理

解密德国服务背后的标准化管理之道

[德]马库斯 · 魏德纳（Markus F. Weidner）/ 著
高怿恺 / 译

中信出版集团 | 北京

图书在版编目（CIP）数据

好服务源自好管理：解密德国服务背后的标准化管理之道 / (德) 马库斯 · 魏德纳著；高怿恺译. -- 北京：中信出版社，2019.5

ISBN 978-7-5217-0227-9

Ⅰ. ①好… Ⅱ. ①马… ②高… Ⅲ. ①企业管理—商业服务—经验—德国 Ⅳ. ①F279.516.3

中国版本图书馆CIP数据核字(2019)第045915号

好服务源自好管理：解密德国服务背后的标准化管理之道

著　　者：［德］马库斯 · 魏德纳
译　　者：高怿恺
出版发行：中信出版集团股份有限公司
（北京市朝阳区惠新东街甲4号富盛大厦2座　邮编　100029）
承 印 者：北京诚信伟业印刷有限公司

开　　本：787mm × 1092mm　1/16　　印　　张：16.75　　字　　数：180千字
版　　次：2019年5月第1版　　印　　次：2019年5月第1次印刷
广告经营许可证：京朝工商广字第8087号
京权图字：01-2017-2374
书　　号：ISBN 978-7-5217-0227-9
定　　价：59.00元

序

好是远远不够的

“德国制造”本是英国人为了保护本国人民免受德国产品侵害而写入1887年《商标法案》（Merchandise Marks Act）的一个定义，如今却成为德国经济中的一枚注册商标。今天，几乎没有任何一个国家可以作为质量的代名词来同德国媲美。客户认为德国的产品质量出色，在质量、用户信赖度、使用寿命等方面竞争力强，不断创新且“一分价钱一分货”。哪怕以挑剔著称的德国本土消费者，也承认德国产品的质量要优于其他国家的产品。当然，辛勤的付出在此是不可或缺的。除此之外也包括我们对于质量的意识、我们的专注以及我们对于完美的追求。我们必须树立这样的目标，把质量的意义作为在执行以及战略上取得成功的要素，并把它视为生活标准中的重要基础，铭刻在社会及经济的所有层面中。

通往可持续发展的道路往往布满荆棘且困难重重。除了专业人士的能力之外，决定性的成功因素也包括那些员工时刻能看到的——公司最高层及其管理团队的投入和付出。德国必须要能够维持“德国制造”这一标签的魅力，以及与其联系在一起的质量导向标准。随着全球价值创造链以及多元化企业结构的成长，并考虑到社会向服务型社会转变，为了使这个标签拥有新的生命力，我们必须共同向前思考。如果我们不想滑落至国际的平均水平，那么我们就必须将质量作为至上的战略方针，激活并将其牢牢扎根在企业中。质量对于我们的未来来说有着极其突出的意义。

要想在国民经济中取得成就，靠不得别人，每一个人都是成就的一部分，虽然所参与的形式和程度不同，但是每一个人都能够且必须做出贡献。只有当这种责任感铭刻在我们的信念之中时，我们才能取得持续性的成就。这本书中提到的Qnigge® 将会作为引擎，并为我们指出方向。

所以说，好是远远不够的!

沃尔夫冈·凯尔科斯（Wolfgang M. Kaerkes）博士
德国质量协会（DGQ）执行董事

前言

Qnigge® 原则

一切都极其完美是非常少见的。

——马库斯·图利乌斯·西塞罗

（公元前106年~公元前43年，哲学家）

★德国不是服务的沙漠！

“我们有时也会对我们看到的那些最聪明、最理智的人在生活中的一些所作所为而无奈地摇头。”200多年前，阿道夫·弗莱尔·冯·克尼格（Adolph Freiherr von Knigge）男爵在其著作《关于人际交往》（Über den Umgang mit Menschen）的开篇中这样写道。也许你在购物中、在酒店的前台、在旅行中或是同热线电话服务员的交谈中没有获得你所期望的接待场景。如今，德国已经不再是一片如日本管理咨询师富永稔之前所刻画的“同客户敌对的社会”这般荒芜的服务沙漠了。正如 ServiceBarometer 公司每年发布《客户监测报告》所证明的，企业服务在许多方面确实已有了改善。从汽车俱乐部到眼镜店，大多数客户对于服务商的评价为“非常满意”甚至“完全满意”。[①]

但是仍然有足够多的情形让你摇头。比如酒店前台的服务生对顾客所抱怨的“床太软”以“幸福的烦恼”为由予以反击；或者热线中心的女士用一成不变的语调表达出她对自己所被赋予的服务准则明显不感兴趣；又如一家四星级酒店的窗户卡死了关不上，而你可以明显察觉出这个问题不是昨天才有的。

★Qnigge® 的原型：克尼格男爵

克尼格男爵推荐了大量在不同生活情形下应做出的行为，以此来应对日常生活中所遇到的失误和尴尬。无论是同女士、房东、贵族还是债务人打交道，这本书总能给你具体的帮助。克尼格男爵非常看重规则，所以他是服务哲学最理想的庇护人。这种服务哲学认为企业仅仅靠善意和积极的工作氛围并不足以保证客户可以持续获得非常优质的服务。

当然，我们首先需要和蔼友善、懂得尊重他人的员工，以及把服务理念作为标杆的管理层。但是，这两者都不能避免员工在碰到问题但不确定如何处理时，无法做出应有的反应，而突然对对方表现得非常无力。上述两点也不能避免沟通障碍所造成的服务缺陷。除此之外，只有在理想化的世界中，才会有领导者全部用那些

① 资料来源：www. kundenmonitor. de（2012 年德国客户监测报告，约有 36 000 名受访者）。

生来就有着激励客户才能的员工来配置他的整个部门。虽然有那种员工，他们只要获得足够的自由度，凭着直觉就可以在几乎每件事中都做到举止得体、语气恰当，但老实说，这样的员工少之又少。我们自己的家人对于什么是“整理干净了”，怎样算作“友善”，如何才算是“完美地进行了准备”的理解就已经完全不同，在企业中又怎么会是另一番景象呢？

★Q = 质量和质量管理

那些想把服务从随机性、某天的状态以及个人观点中解放出来的人，需要透明、清晰并且有约束力的规则。这里就必须提到Q这个字母，它可以用来表示质量以及系统性的质量管理。只有企业中的每个人清楚去做什么（当然也要知道如何去做），他们才能削减（无论是在国内，还是在国外）那些影响服务绩效的不稳定因素。只有规则明确了，才能确保让一般的员工提供不一般的服务。所以我在我们公司把Q作为Qnigge® 的开头。

★质量管理是数据的坟墓？

没有人认为拥有优质的质量是件坏事，但是在质量管理（QM）这个课题上他们就不这么看了。质量管理有这样不太好的名声：它会导致异想天开的文档记录以及各种官僚主义式的数据收集，而这些会使整个企业的运作变慢。更糟糕的是，它还会产生毫无意义的数据坟墓，从而令企业每天都耗费大量的时间和金钱。这般生硬的批评不总是没有道理的，况且有的声音还来自一些质量专家。德国质量协会的区域总监本尼迪克特·索莫霍夫（Benedikt Sommerhoff）在协会的60周年志中写道：“是的，我们中的一些人让管理层的生活变得沉重，不停地同他们纠缠并向他们传教布道……是的，我们中的一些人脱离了群众，用自说自话的方式把隔阂越拉越大……是的，我们停下了脚步，为了体现行为措施的必要性，我们不再注重于证明质量所带来的回报，而是把外部的压力、规范和标准放到前台来。”[①]因为一些小事，比如，有人开车撞树了，所以就禁止了汽车；同样，因为某些不切合实际的执行，往往就把质量管理看作是多余的。

★质量管理的优点

质量管理的核心在于一点：把你要做的写下来，并保证能够做到。把这些内容理解对了，可以让我们对公司内部的要求、流程以及指示进行检查，对这些进行清晰明了地记录，使之简洁易懂并让每个人都可以接触到——比如对新员工的培训、对某项工作的决策等。这样做对在工作中实现顺利合作有着不可估量的价值。同时，在此之中又蕴藏着一项非常重要的优化潜能，因为我只能改善那些自己可以清楚看到的东西。根据实际的质量管理需要去认真思考哪些东西是需要记录的，这一点是毫无疑问的。此外，这些文档记录必须放置在员工在工作中能够接触、运用的地方，而不是让他们通过一些非正规渠道去获得。

★ Qnigge®：通过清晰的服务准则来达到更好的服务质量水准

Qnigge® 原则意味着通过清晰的服务准则来达到更好的服务质量水准。换句话说，Qnigge® 原则旨在将“与人相处之道”通过一种由管理层和员工共同承担的、精确到细节的服务理念来完美地实现。如果每个人都知道他应该做什么，拥有哪些自由度，那么他就会处事稳健、举止得体。如果从这个角度去理解，质量管理所带来的是喜悦。这些喜悦可以从成功的体验中获得，可以从客户积极的反馈中获得，也可以从游刃有余的工作中获得。如何在你的企业中打下能带来喜悦的质量管理基石，正是本书要谈的主题。

---

① 资料来源：Leitthesen für Qualität in Deutschland，S. 84f.

目录

引言：服务质量分六步走 … 001

什么是服务质量？… 005

优质的服务：一个带有两个未知数的等式 … 010

概览：如何分六步走来达到更好的服务质量 … 020

服务质量，或者说：什么才是真正相关的服务？
对话萨宾娜·胡布纳和卡斯滕·拉特… 023

第一步：价值观反馈 … 031

为什么谈价值观？有哪些价值观？… 035

“质量”的价值 … 041

落实价值观，做出价值榜样，沟通价值观 … 046

要点一览——价值观 … 052

以价值观为导向的企业管理
对话瓦尔特·约赫曼博士 … 053

第二步： 建立起合适的团队 … 059

为什么说员工本身比他们的专业资质重要？… 064

雇用并培训员工 … 076

领导质量及服务质量 … 081

要点一览——团队 … 086

找到有正确生活动机的人

对话马库斯·布兰德 … 087

第三步： 定义并管理工作标准及流程 … 093

到底什么是“工作标准”和“流程”？… 098

常见的对质量管理的批评 … 110

质量管理和服务质量 … 114

引进一套质量管理体系 … 119

要点一览——工作标准和流程 … 131

通过清晰的标准来提供卓越的服务

对话约尔格·希夫曼 … 132

第四步： 给员工提供服务——质量手册 … 137

给公司的一份说明书 … 141

该用哪一种系统？—— 痛苦的抉择？… 150

大众的惯性——员工如何参与 … 154

要点一览——质量手册 … 156

orgavision® 在一家150人的企业中的应用
对话斯文·弗莱克
以及伍尔夫·莱恩哈特 … 157

第五步：给予并获得反馈 … 165

知道你的客户想要什么吗？… 170

在企业中形成一种反馈文化 … 184

要点一览——反馈 … 192

员工股指：给员工的反馈
对话克劳斯·科布耀及马库斯·威斯曼 … 193

将认证作为反馈工具
对话迈克尔·维普勒 … 200

来自客户的反馈
对话赫尔格·莱泽维茨 … 204

第六步：推进创新 … 209

“更快的马”以及其他创新 … 214

发展并落实创新 … 222

要点一览——创新 … 229

创新是可以学习的吗？
对话乌尔里希·怀恩贝格教授 … 230

创新在活动领域的运作
对话约阿希姆·库尼希 … 234

让 Qnigge® 检验清单提升企业的服务质量 … 239

Qnigge® 为企业带来质量管理的喜悦 … 247

参考文献 … 251

致谢 … 255

引言

服务质量分六步走

想要取得进步并维持住，并非取决于你在优秀的时候有多优秀，而是取决于你在状态不佳时有多优秀。

——玛蒂娜·纳芙拉蒂洛娃

（网球界传奇人物）

— 案例 —

- 如果你问一位朋友“最近的这次度假如何”，而得到的回答是诸如“挺好的”或者“不错啊”之类，那你还想知道这家酒店的地址吗？可能不会。“好”的酒店就像海边的沙子那么多，这样的“好”或许意味着：服务水平还过得去，基本上没什么可抱怨的，最多也就是一些细节上的问题，比如早餐没有卡布奇诺咖啡，或者是当需要干净的毛巾时得自己去问客服要之类的，除此之外，整个旅程还算舒适。那么他会不会再次去光顾或者不由自主地把这家酒店推荐给其他人呢？老实说，这家酒店还没棒到这个程度……如果许多客人都有这样的想法，那么这家酒店或许不久就会有麻烦了。和当下其他大多数行业一样，酒店业的竞争是非常残酷的。每个人都知道，客户的选择范围非常广，通过网络可以非常迅速地搜索到竞争对手所提供的一切。所以，对于所有的服务行业来说：仅仅“好”是远远不够的。

- 如果你的一位前同事现在在市中心的黄金地段开了一家红酒酒庄，并认为他店里的人员配置“挺好”，你会有何感想？招到施密特女士算是店主的福气，她懂红酒，而且能招呼客户。另一位销售劳姆先生，虽然人有些乖张，却也是个行家。店里忙起来的时候，还会有个学生过来帮忙，这样顾客就不必排长龙了。但说到这里，你或许对上一次的购酒经历仍然记忆犹新——那天为你导购的劳姆先生一眼就能被看出心情不佳，你虽然买了红酒，但是对劳姆先生的傲慢语气始终耿耿于怀。此外，若正巧碰上了那个学生，以他那半瓶子醋的红酒知识来接待顾客，是否又能让每位顾客称心如意呢？还是那句话：仅仅“好”是远远不够的。
- 碰到下面这个问题，你又会如何抉择？假设你有一位中意的发型师，剪得非常好，但你每次准点赴约后都还要再等上10分钟。有时你头发还湿着，他就又忙着去和别人约其他的时间，直到有实习生空闲下来他才会理你。每一次你都会有换发型师的冲动，而某一天你真就把这个想法付诸行动了。这个发型师其实挺好，但是这样的“好”也是远远不够的。

★“好”是远远不够的

以上3个案例说的是一个道理：他们的服务其实并不差，但却在细小之处让人产生不满。这样的服务拴不住客户，缺乏可持续性且未能带给客户以惊艳。无论是酒店、红酒庄还是理发店，如果把服务质量进行了提升，他们应该能够做得更加成功。

什么是服务质量？

★目标：服务质量

2012年，德国质量协会在其60周年庆典时，曾就“质量”这个课题向一些著名的经济界领军人物发出问卷。几乎每个受访者都非常自豪地提到了“德国制造”这个概念。[①]而其实“德国制造”是19世纪末英国人为了保护本国产业，针对德国进口产品所采取的保护性措施，原本是希望起到震慑作用，不想却发展成为质量保证的代名词。直至今天，“质量”首先会同某件“产品”联系在一起。我们常提到“质量产品”，并评鉴工具、机器或是材料是否具备“高质量”，而对于“服务质量”却很少提及。德国联邦统计局指出，如今3/4的德国人在同“服务”打交道，而不再直接接触产品的生产。[②]“服务质量”

① 资料来源：德国质量协会（DGQ），Leitthesen für Qualität in Deutschland。

② 资料来源：www. statistik. baden-wuerttemberg. de/ArbeitsmErwerb/Indikatoren/ET_wirtschSektoren. asp。

其实可以很简单地被概括为：卓越的服务。而在这一点上，德国并不太值得标榜。“服务：德国制造”——这是一个属于未来的目标。

★服务源自“效劳”

“服务”这个课题在近15~20年来受到各个层面的关注。当亚马逊经理比尔·普莱斯（Bill Price）说“最好的服务就是没有服务”时，他是从一个比较狭隘的视角去看待整个问题。他把网络购物中的服务视为那种不受欢迎的故障修理。[①]当然，如果某人因为洗衣机坏了而打电话给客服，那么他的行为也就符合上述的这种服务理念。如果企业咨询顾问把服务强调为价值增益的工具，他们要做的则是把技术维护服务的经济利益传达给产品及机器的生产商。但就服务行业本身来说，（好的或者有所欠缺的）“服务”这个词从一开始就位于中心位置。服务（service）这个词源自拉丁语中的“servire”，意为“效劳”，当一些人由于经济利益为另外一些人做一些事时，这种效劳便存在了。而服务质量则是在描述如何达成这种效劳。

★关键因素：舒适的体验

卓越的服务是商业竞争中极为重要的制胜因素，这在当今已成为共识。你最爱去的那家饭店可能并不仅仅是因为可口的美食吸引着你，特别友好、专注、用心的服务亦是其胜出的原因。你是在大卖场还是在街边个体户那儿购买电子产品，往往取决于店家是否能够提供优质的导购服务（或者说他们是否重视导购服务）。知名的发型师乌多·瓦尔茨（Udo Walz）甚至直截了当地承认，只要他人技术过硬，任何一个发型师都是可以被替

① 资料来源：Wolf Lotter, Die Geprellten, in: Brand eins Nr. 10/2010, S. 52 ff. , hier S. 60。

代的："关键是待人处世的态度，顾客进店后必须有舒适的体验。而这一切始于问候的方式。"[①]

一系列的倡议项目及奖项证明，优质的服务在当下正被当作一项十分严肃的课题来对待。

- 20多年来，ServiceBarometer公司每年都会发布一份全面评估德国消费者满意度的《客户监测报告》。2012年，共有36 000名受访客户被问及："您对生活中的服务提供者的总体满意程度如何?"（1分为非常满意，5分为不满意）书商（1.67分）及眼镜店（1.8分）的评价最高，中游水平的为医疗保险（2.19分）或是日用品商场（2.29分），排名垫底的则是社交网络（2.67分）和基金服务（2.85分）。该公司指出："我们所调研的大部分行业的客户满意度呈上升趋势。"[②]并认为德国的服务行业处于积极发展的态势中。然而，即便不是统计学家，我们仍然可以清楚地意识到，平均分在2~3分的企业仍有非常大的改良空间。
- 私营研究机构"德国服务质量协会"每年都会联合电视台n-tv针对不同行业（银行、能源、餐饮等）颁发"德国服务奖"。获奖的理由主要有："提供令人信服的咨询""鲜明直观的产品展示""可以方便地通过电话联络""回复邮件非常迅速""网站的信息量大"等。2013年的奖项是基于该协会通过电话、电子邮件、网络以及实地暗访所汇总的80余份服务调研报告而生

★"德国服务奖"的评判准则

---

① 资料来源：Roger Rankel，Sales Secrets. Wiesbaden：Gabler Verlag 2008，S. 181。

② 资料来源：Pressemitteilung Kundenmonitor Deutschland 2012 unter www.servicebarometer.net/kundenmonitor/pressemitteilungen.html。

成的，优胜者有金融业的 Accedo、ING-DiBa 以及 Interhyp，时尚生活领域的 Kraft 家具、Segmüller、Aurel 香水之家，旅游业的 B&B 连锁酒店、宜必思（Ibis）以及一号汽车旅馆（motel One）。

★“最以客户为中心的服务提供商”奖的评判准则

- 每年一次的“最以客户为中心的服务提供商”奖是由德国《商业日报》联合圣加仑大学一同颁发的。参赛的企业需缴纳数千欧元的报名费。之后评委会会对其管理流程进行评估，并对其客户进行专访。前 50 位的参赛企业将得到评委会的专项认证。2013 年度的前 3 位企业分别为 QVC 德国、Rational 股份有限公司以及 AOK NordWest。

★“德国顾客心中的冠军”奖的评判准则

- “德国顾客心中的冠军”奖主要着眼于“感性的客户关怀”。该奖项由德国质量协会以及市场调研论坛有限公司联合颁发，评判结果依据客户专访及参赛企业的自我评估两项的总和。这里的核心观点为：在产品同质化日渐严重的今天，仅仅使客户满意已经不能长久地抓住客户的心了，客户心中真正的冠军是那些能给客户提供超越产品本身、具备感性且无可替代的特征的企业。拥有 10 名以上员工的企业就可报名参赛，得到基本分的参赛企业便可被打上“德国顾客心中的冠军”的印章。除此之外，还有一项“德国员工心中的冠军”奖。我们之后还会讲到为什么两者之间是相辅相成的。

★“德国卓越之赏”的评判准则

“路德维希·埃尔哈德奖”[①]是由路德维希·埃尔哈德基金会与德国经济部所发起的“德国——创意之国”项目一同颁发。该奖项也就是所谓的“德国卓越之赏”。

---

① 资料来源：https：//ilep. De.

其评判标准基于欧洲质量管理基金会的EFQM模型，参赛企业必须能够证明其“完整的管理体系及可持续发展的业务成就”，获奖的标准高度看重企业是否以客户及员工为中心开展工作。该奖项在大、中、小型企业3个类别中分别颁发。2012年的获奖企业为罗伯特·博世公司（Robert Bosch GmbH）、科技企业Allresist以及摘得诸多荣誉的辛德勒霍夫酒店（Hotel Schindlerhof，详情请见“第五步：给予并获得反馈”中对该酒店所有人克劳斯·柯布耀的专访）。[1]

★为“激励客户”所制定的一种标准

各个奖项的发起记录着一种日益增长的、能够认识到服务中产生的问题的一种意识。这使人首先想到，须将这些意识以一种“服务标准”的形式表现出来。欧洲商学院（European Business School，简称EBS）厄斯特里希—温克尔校区的马蒂亚斯·古蒂耶（Matthias Gouthier）教授提出了一份全球首创的标准《以卓越服务来激励客户的细则》（DIN SPEC 77224），与众所周知的质量管理体系DIN EN ISO 9001不同，该标准虽然还无法开展认证，却可以提供一种有序的方法来指导如何去计划、评估及量化那些可以激励客户并为其带来惊喜的瞬间。

以上简短的罗列揭示了为想方设法追求更好的服务质量所遇到的困境——实际操作中出现了太多不同的概念，比如“客户满意度”、“以客户为导向”以及“让客户受到激励”，而这些概念的落实方式又差别很大。评价服务质量与评估一个工件的质量有诸多不同。在评估一个工件的时候，可以在它的身边放上一把公正的标

---

① 资料来源：Matthias Gouthier, Kundenbegeisterung durch Service Excellence. Erläuterungen zur DIN SPEC 77224 und Best-Practices. Berlin / Wien/Zürich：BeuthVerlag 2013。

尺，而服务却是通过人来评估的，也就是说客户会先通过自己的感受去判断。

优质的服务：一个带有两个未知数的等式

客户是感到惊喜、满意还是失望，取决于他个人的期望。如果所有的期望都得到了满足，那么基本就可以保证他是满意的；如果超出了他的期望或者说服务的提供者带来了积极的意外惊喜，那么客户一定会为此喜出望外；如果服务不如想象中的出色，客户便会显示出不满或是失望。

★惊喜、满意还是失望?

比如你订了从法兰克福飞往伦敦城市机场的经济舱座位，你所期望的可能就是飞机准点起飞降落，在短途飞行期间能喝上杯咖啡或是其他饮料，乘务人员以礼相待并同你友善告别。若这些条件都得到了满足，你也许就挺满意了，对于一些特殊的待遇或是更大的活动空间你压根儿就不会去想。但如果工作人员在办理登机牌的时候注意到你有一米八几，而主动给你安排了紧急出口的位子（“这样您就能坐得更宽敞一些!”），这对你来说可能就是一个小小的惊喜瞬间。同样，这些惊喜也会来自飞机上提供的多种可供选阅的杂志、因航空公司的周年庆典而赠送的一杯意料之外的鸡尾酒或是汽酒。反之，倘若这架飞机给你一种维护不当的感觉，座位上斑斑点点，空乘不甚友好，那么你很可能就会感到非常不满。

★定义客户需求的KANO模型

为了把客户的各种需求系统化，早在1978年，日本经济学家狩野纪昭就推出了一种模型，也就是之后教科书中收录的“KANO模型”。该模型包括3个因素。

1. 基本因素

基本因素是客户认为必须得到满足的因素。一旦这些因素不具备，便会被客户立即察觉，并感到不满。而单单满足了这些基本的因素还并不能让客户满意。在前文的航班事例中，这些要素就表现在诸如干净的座椅、良好的设备状态以及乘务人员得体的举止上。

2. 绩效因素

狩野认为绩效因素表现为那些客户刻意的期望。企业一旦能提供这些因素，就能使客户满意。在前文的航班事例中，这些因素往往体现在航班是否准点、机上所应有的服务水平以及乘务人员友善的举止上。绩效因素越多，客户对企业就越满意。

3. 激励因素

激励因素是那些客户事先没有预期而收获惊喜的因素。比如飞机上更大的活动空间，免费的鸡尾酒或是受欢迎的杂志。激励因素不非得是那些革命性的创新或是昂贵的附加产品，事先没有预料到的一小块奶油或者是一个手势往往就能引起客户特别的注意。

除以上 3 点之外，狩野还提到了“无差异因素”，也就是那些对客户来说可有可无的因素。对于大多数客户来说，乘务人员穿的是蓝色还是灰色的制服、飞行安全须知是通过影片还是人员示范来完成是一些无关紧要的事情，然而有些航空公司却能把这些看似无关紧要的因素转换成激励因素。

★如何使无差异因素成为激励因素

比如美国西南航空用了一位能唱饶舌的空乘来幽默地演绎飞行安全须知。新西兰航空为了增加趣味性，拍摄了十分有趣的安全须知影片，并邀请了贝尔·格里尔斯（Bear Grylls）或是托尔金（Tolkiens）奇幻小说里的“中土世界”的人物来担当主角。该影片很快便成为优兔（Youtube）网站上的热门影片，数十万网友主动前来观赏该片。而在平时，这些枯燥的安全须知往往会被忽略。①

★警惕习以为常

然而，这些成功激励客户的例子同时也带来了一个问题：那些第1次、第2次，甚至第3次还能带来激励的方法到了一定时候便会成为常态。激励因素会不断地损耗，因为客户到了一定时候会把它们当作理所当然的存在。第一个给顾客提供咖啡或是冰镇饮料的发型师，会激发惊艳效应，而今天很多顾客会为理发时没有获得饮品而感到惊讶。多年前，宾馆客房中的无线网还是一种激励因素，而如今，顾客会在在线预订的网站上七嘴八舌地讨论着网络信号的质量。这些激励因素的存在已然被视作理所当然。

随着社会及科技的发展，客户的期望也在发生变化。20年前，只有少数的客户会去关心资源使用的可持续性或是原产地员工的工作环境是否和谐。而如今，来自公平贸易的咖啡、厨房里加工的土特产以及用有机棉生产的床单被套却能实质性地提升一家酒店的服务档

① 资料来源：www. youtube. com/watch? v = pvdCFYLf_ JI（Funny Steward Southwest Airlines Rapping Safetey Information）；www. youtube. com/watch? v = xJheoLUtX_ Q（Air New Zealand A320 Safety Video with Bear Grylls#airnzbear）；http：//www. youtube. com/watch? v = cBlRbrB_ Gnc（An Unexpected Briefing#airnzhobbit）。

次。反之，那些还在遵循旧式标准的人，至少会下降一个档次。

★哪些客户需求应被满足？

客户的期望会自然而然地根据供给类别产生差异。那些订购经济舱的乘客所使用的衡量标准一定不同于商务舱中的乘客；那些只关心如何最经济实惠地从甲地飞到乙地的乘客，甚至还能接受行李托运的附加费用以及飞机上的收费饮料。

然而，我们不能把眼光呆板地停留在目标群体的概念上。有些人今天选择了商务舱，明天可能就预订了廉价航空；有些人今天还留宿于山间小屋，明天或许便出现在当地最好的宾馆中。想要让客户满意，就必须同他们进行坦诚的交流，清楚哪些需求应被满足以及客户对服务有哪些期望。

★格奥尔格·豪瑟尔的客户需求模型

客户可通过自身个性以及个人喜好来加以区分。近些年来，为了系统化区分客户的喜好，格奥尔格·豪瑟尔（Georg häusel）的模型很受欢迎。豪瑟尔运用神经学理论，以主要需求（也作“情绪系统”）——“刺激”、“主导”以及“平衡”为基础，划分出7种客户类型。

1. 和谐型（占30%）

这是顾家、有关怀心的一类人，和谐及无忧对他们来说很重要。

2. 传统型（占19%）

安全、信赖以及规则对他们来说很重要，对新鲜事物的反馈比较谨慎且有所保留。

3. 享乐型（占 13%）

这类人不断寻找新鲜事物，冲动、追求个性并且比较张扬。

4. 开放型（占 12%）

他们能够接受新鲜事物，但注重平静地享受以及舒适感。

5. 约束型（占 11%）

责任以及节省意识对他们来说举足轻重。这类人的消费兴趣不大，但对每件商品都会进行详细的评估。

6. 能力型（占 9%）

这类人雄心勃勃、追求业绩、注重身份。别人都已经觉得很好的东西，他们认为再好也是不够的。

7. 冒险型（占 6%）

这类人非常乐于承担风险，有冲劲。他们对更强大且能够带来乐趣的产品尤其感兴趣。

★关键是那些“边缘类型”

以上这些（按照大脑的“边缘”情绪系统所定义的）[①]概述表明，相较于传统型客户而言，冒险型客户可能更热衷于飞机上那些构思有趣的安全须知影片。而和谐型客户相对于那些雄心勃勃的能力型客户，更容易被

① 资料来源：Eine Übersicht gibt Hans-Georg Häusel, Die wissenschaftliche Fundierung des Limbic® Ansatzes (2011), www. nymphenburg. de/studien. html 可下载。

独家服务所打动。相比和谐型的客户更希望得到友善的照顾，能力型的客户更期望享受贵宾待遇，因为那样能让他有与众不同的身份感。

★员工的核心作用

对企业来说，客户是一个不断追求更高服务质量的未知数，而另一个未知数是能提供这种高质量服务的员工。比如，那些在酒店预订网站上细心阅读客户留言的人会发现，个人对所住的酒店是否满意，很大程度上取决于酒店员工给他留下的印象。那里既有像“在前台工作的那位女士棒极了！”这样的留言，也有对于早餐厅拉着脸的、对待客户提问时的热心程度不高以及处理投诉时漫不经心的服务人员的抱怨。我可以肯定地说，没有哪个在网站上受到批评的员工会认为自己“不友好”、“拉着脸”或者是“漫不经心”，而那位前台“迷人”的女士对于所受到的夸奖只会以“我只是做了应该做的”作为回应。

在我修改本段时，我正在乘火车去吕讷堡的路上，此行的目的是采访贝格施特吕姆酒店（Hotels Bergström）的高层管理人。一位德国铁路局的列车员服务非常周到且很友好，我们谈到了服务质量，她说：“对我来说服务质量是理所当然的事情。其实它并不难，但不是每个人都能很容易地把它做好。”她说得多么正确啊！谢谢你，A. 贝克女士！

拥有合适的员工才能提供卓越的服务，培训对此可以发挥不小的作用。清晰的服务标准以及被明确定义的服务流程是服务质量的重要基石，但是，没有从心底为他人服务的意识，员工很难达到客户所期望的要求。那些把“我们靠客户生存”作为年度口号的企业也会遇到问题，从现实的角度来看，没有一家企业所招聘的员工都是完美的，但是我们需要让他们有一种基本的服务理念。

当我们审视了服务质量这个主题后，下面谈一些关键的想法。

不进则退

★服务质量：一项连续性的挑战

高质量的服务不能采用那些一次性使用的标准，而要不断地进行维护。客户的需求在不断变化，对于今天来说新鲜及博人眼球的事物，明天或许就已经成为常态。服务质量是一项连续性的挑战，是一个永远不会终结的任务。街角的那间药房在递给顾客小票的同时还会递上一包纸巾，这对顾客来说第一次是份意外的惊喜，第二次是一种友善的表示，而第三次便是习以为常了。

知道客户需要什么

★（不断）满足客户的期望

如何评估服务取决于不同客户的期望。企业必须为自己所能提供的服务释放出明确的信号，准确了解客户及他们的需求是否为优先项。当然，去满足所有的愿望是不可能的，但满足最重要及潜力最大的客户之需求是企业生存的关键。各个岗位的负责人必须严肃对待客户的反馈并从中总结经验教训，这不仅适用于投诉，也同样适用于评分网站以及问卷调查。

创造惊艳效应来留住客户

★创造惊艳效应

但仅满足客户的期望还不足以使其成为企业忠实的粉丝。客户满意度本身既不适用于从竞争中脱颖而出的标准，也不能为客户对企业的忠诚度带来保证。我们在营销学中所说的“多样化寻求”不是毫无根据的：即使是满意的客户也会“跳槽”去尝试一些新鲜的事物。想要把客户紧紧地留在身边，那就必须时刻、积极地给他们带来惊喜。这样的一种感情上的联络可以通过运用激励因素来实现（参见 KANO 模型）。当然，这种联络也必须有计划、有目标地执行。

优化核心能力

只有基本的东西对了，惊艳效应的因子才能发挥作用。如果服务者的核心能力运作正常，那么那些小细节上的注意、意想不到的服务以及给客户积极的惊喜才能发挥其效应。若是航班延误了两个小时，即使免费的鸡尾酒也不能提供真正的惊艳。

对过程三思而行

只有清晰地规定好流程并恰如其分地满足客户的要求，核心能力才能正常运作。当然，前提是每个人在企业中都知道他要去干什么以及怎么去干。但让这些在日常工作中水到渠成地发生是不现实的，在此，我们需要一些从实际角度出发的质量管理手段。

认真选拔并培训员工

★对错误做出最佳的反应

在服务中起决定作用的是人为因素。错误、缺失以及疏忽是不可能完全避免的，如果员工在这些情况下能够独立自主且以客户为导向地应对，那么客户不但会倾向于去原谅这些错误，更重要的是：若是公司能够以最快速度改正缺陷并重新令该客户满意，那么经历过此事的客户之后会把这些失误远远地抛在脑后并更加信赖该公司（“投诉悖论”）。但是客户不会原谅那些不友好的、粗心大意或者漠不关心的处理方式。

★定位：质量管理的操作循环理论

卓越的服务不是自己形成的，也不是通过铿锵有力的意向声明、激励人心的热情演讲，或是时不时的员工培训以达到善待客户这个目标。服务是一种非常复杂的构成，如要达到高质量，那么整个结构中大量的小齿轮必须互相完美地契合。服务质量需要每天都能得到保证，并不断地根据新的挑战来调整。经典的质量管理的操作循环理论就体现在这些不断的挑战上。

★不断地改善系统

该循环理论的发明者是威廉·爱德华兹·戴明（William Edwards Deming），他被认为是质量管理的奠基者之一。他的信条是："始终不断地改善系统。"[①]对服务过程（见图1）或者说是相对应的子流程，必须先进行深思熟虑和计划（P）：我们想为谁以什么样的质量和什么样的方式提供什么？在这些考虑中已经包含了对现状的改善。下一步是实施和执行计划（D）：涉及员工信息和培训、明确的职责和工作流程。

★以PDCA循环作为质量保证

检查（C）则说明验证以及绩效检验是不可或缺的——所计划的东西是不是在实践中得到了证实？只有这样，偏差和错误才会暴露并得到改正。这里需要一个积极的犯错文化，也就是说，不要对那些犯错的人进行一味地谴责，而是去理解"人非圣贤，孰能无过"，并把犯错当成一种学习的机会。最后，处置（A）是指当我们发现绩效与所需或所计划的要求不符时应采取的纠正和预防措施。

---

① 资料来源：William Edwards Deming, 14 Schritte zur Qualitätsverbesserung. www. olev. de/q/deming_14_schritte. htm 可下载。

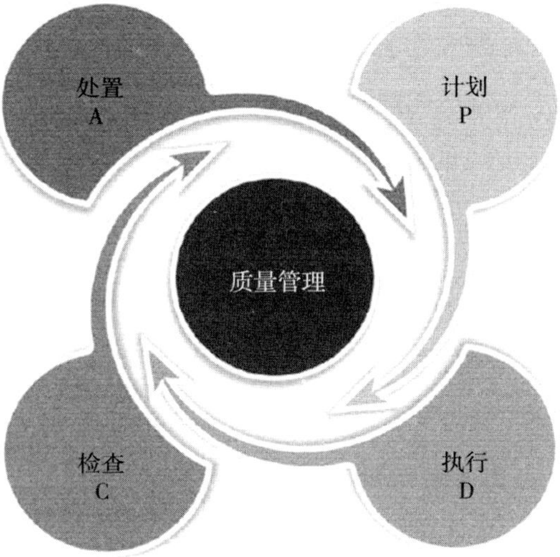

图 1　质量管理中的 PDCA 循环

对于这样过于机械化、缺乏人情味的服务理念也存在许多反对的声音。比如科隆国际设计学院（KISD）服务设计学教授比吉特·玛格（Birgit Mager）就说过："对于高度标准化的服务来说，虽然一直存在欠缺生动、魅力以及人性化的风险，但归根结底，重要的还是最终的效果。"[①]

★规则不是紧身衣，而是护栏板

对于这种意见我不敢苟同。你自己判断一下：如果你经常因为差劲的服务而产生不满，是因为员工知识完备并老练地同你打交道，还是因为这些员工心里不踏实或者不可靠且破坏了那些从礼貌问候到专注倾听这些同客户打交道的基本规则？要正确地去理解，规则并非是对个性的束缚，而是提供安全的并允许甚至促进个人发展的护栏板。

① 资料来源：Astrid Funck, Von Obdachlosen lernen, in: Brand eins 05/2007, hier S. 116。

★优化过程太贵了？

另外一种批评的声音认为，持续改善服务非常艰难，也会耗费太多财力，因此从经济角度来说，追求一个好的标准并尽可能地保持是一种更为明智的方法。在这种担忧中隐藏着一种未经检验的假设，即“过程优化会不可避免地花费金钱”。但情况并非如此，如果避免了错误，消除了重复性劳动以及决策冲突而导致的停滞，这样也就有了节省成本的空间。

★用人而不是机器？

在对于持续改善服务的必要性方面，我同服务营销及卓越服务课题方面的专家马蒂亚斯·古蒂耶（Matthias Gouthier）持相同意见。他强调，大多数公司已转移到“竞争型市场”。那些对永久性服务发展所产生的阻力让古蒂耶重新回到那种所谓的德国式理念的问题。我们很难去开口问一位工程师，为什么要去进一步地开发产品。[①]正如当时的联邦德国总统罗曼·赫尔佐格（Roman Herzog）所嘲讽的那样：我们也许依旧是那个更喜欢接受机器服务而不是人工服务的国家。

想方设法去改善服务，对企业长远的成功来说不只是有利的，更是在当下不可或缺的。本书中，我们通过六个步骤来做到这一点，你会得到你所期待的东西。

概览：　如何分六步走来达到更好的服务质量

“通过明确的服务规则来保证更好的服务质量”，本书的引言是这么总结 Qnigge® 原则的。它将“与人交

① 资料来源：Matthias Gouthier, Kundenbegeisterung durch Service Excellence. Berlin/Wien/Zürich：Beuth Verlag 2013, S. 13。

往”（参见克尼格男爵）的思考和对日常服务需求的架构及记录进行了结合（以质量管理的原则为导向）。从中我们可以总结出以下的步骤，以便企业可以有目的地优化它们的服务。

第一步：价值观反馈

★遵循价值观是积极向上的企业文化的先决条件

有能够被遵循的价值观是优化行为及合作的护栏板，它在企业内建立起一种共同的宗旨且完全能够在日常生活中实现。如果企业的最高管理层能够身体力行地落实这些价值观并且将此清晰地传达给他人，那么建立一种积极的企业文化的最佳条件便已形成，而这种文化又的确是让员工满意、认同并为之奋斗的基础。只有有动力、有责任心的员工才能提供优秀乃至绝佳的客户服务。员工经常用来对待他们的客户的方式，与企业领导者对待他们自己的方式一样。最后，也是非常重要的一点：一家企业若想提供高质量的服务，就必须把“质量”作为一项理所当然的价值观，将其牢牢扎根于企业文化中。问题是：我们如何开始着手呢？

第二步：建立起合适的团队

★用错人的成本

人们在购买昂贵的机器的时候往往会花很多时间去考量，而在选拔新员工时草草了事的情况却并不少见。任人有误的成本会很快比任何设备的投资更昂贵，而这点却经常被忽视，例如被激怒的客户以及无所适从的员工，或者是那些担当负责人的员工离职（管理层招聘的失误），这些都会转化为直接成本或是“附加损失”。如何才能找到和企业价值观相匹配的员工并让他们实实在在地落实对服务质量的追求呢？

第三步：定义并管理标准及过程

★混乱与异想天开的记录之间的平衡

“这件事我还要说几遍？”“我以为这个事情早就做了！”“但是，施密特女士才是负责这件事情的人啊！”这些话都是企业组织流程不清晰的症状。想要逆转这个情势，就最好对企业的流程及标准进行检验，记录及优化流程中存在的问题，这就是最典型的质量管理。但是如何才能像走钢丝般穿梭在组织不力而又可完成记录存档这一幻想之间呢？如何使质量管理体系保持活力并应用到能使客户获得最佳的收益中呢？

第四步：给员工提供服务——质量手册

★找到最好的记录形式

最好的质量管理体系取决于它的执行。只有既定的标准及过程可以让员工随取随用，才能使员工、服务和客户从中受益。那么记录到底有哪些不同的形式，哪一种对你来说是值得推荐的呢？

第五步：给予并获得反馈

★利用各方的反馈

只有那些知道客户需求的人，才能持久地提供优质的服务并推进合适的创新。社交媒体及点评网站把企业和客户直线连接了起来，人们该如何有建设性地去面对彼此？反馈不止来自客户，领导者给员工或是员工给领导者的反馈，对企业内部的进一步发展来说也是不可或缺的条件。最后，哪怕很多时候不被人这么看待，但质量认证其实也是一种反馈工具。那么，如何最佳限度地使用反馈工具呢？

第六步：推进创新

当下的市场遵循这样的原则：不进则退。想要持久地在客户面前证明自己并留住他们，就必须不断开发新鲜事物。那么怎样才能产生新的想法？怎么去区分值得还是不值得？因为不是所有可以做的事情都应该去做，也不是所有真正值得去做的事情非得要花很多钱。

★什么样的创新才是有价值的？

本书的每一章中都会有知名的专家、咨询师、企业家、质量管理的专业人士以及来自不同行业的经理人来畅谈心得，他们能使你的视野更加开阔并得到一些新的想法。那就让我们马上展开一次精彩的访谈吧。我很高兴能够采访到两位令人信服且极受欢迎的服务专家萨宾娜·胡布纳（Sabine Hübner）和卡斯滕·拉特（Carsten K. Rath）。请大家一起感受一下他们对服务质量这个主题有何见解。

—访谈—

服务质量，或者说：什么才是真正相关的服务？

对话萨宾娜·胡布纳和卡斯滕·拉特

“什么事情才是真正重要的？”这是您在企业中提到的关键问题。关联性和服务质量有何联系？

萨宾娜·胡布纳： 只有肯定回答下面 3 个问题中的至少一个问题才能说明一项服务是和客户有关的：这项服

务有没有提高客户的忠诚度？这项服务有没有让客户有把它推荐给他人的想法？客户是不是愿意为这项服务花钱？其中的奥妙就在于，这样可以去推测哪些服务在将来是同客户有关的。

卡斯滕·拉特：在许多行业中，当然也包括酒店行业，我们发现服务包含的范围越来越广，人们时刻紧盯着行业标准并提供竞争者也在提供的服务。服务范围越广并不代表服务的质量越好，因为在这个市场内的其他参与者也在不断进行调整匹配，独特的服务事项会逐渐变得寻常普通。最近，越来越多的酒店准备了矿泉水单，有些甚至列出了300种不同类型的矿泉水。这是同客户息息相关的服务吗？一份37欧元的自助早餐，和住在柏林阿德隆酒店的商务出差人士有什么交集？我认为没有。当下跑业务的人几乎没有时间去享用一份丰盛的早餐，那么能够打包带走的早餐和他有没有关系呢？我想是有的。服务质量要的就是把注意力都集中在同每个目标群体有关的服务项目上。所以一号汽车旅馆就不再提供电话服务了，因为每个客人都有一部手机，这样不但节约了软硬件成本，同时也降低了住宿价格。

萨宾娜·胡布纳：企业在当下仍旧一如既往地在根据产品来定位自身，而不是它们的服务。服务提供者应当讲清他们提供什么，不提供什么，服务的透明度以及对客户期望的管理在客户满意度方面起了非常大的作用。

对您来说什么是“卓越服务”？

卡斯滕·拉特：卓越服务是指与众不同的个性化服务，因为它是发自内心的，从不机械化或者技术化，也从不出差错。关键在于一个人全心全意地为另一个人着想，关键在于真实性、可靠性，以及细腻微小的差别。情感植入是卓越服务的核心价值。想象一下你去一家意大利小餐馆的情景：第一次去的时候他们就把你当老客户一样招呼，第二次你已经像是他们家里的一员一样被对待，而第三次他们已经将你视作当地受尊敬的知名人士了。

那么这也适用于大众服务商，比如电信公司吗？

卡斯滕·拉特：这和规模根本无关，而取决于背后的流程。如果你为了开通手机通话要等上一个星期，说明流程本身就有问题。卓越服务的潜在含义就是：如何通过电话及邮件同客户打交道。这里，你必须给员工充分自由的空间。那些审查一切的，用机器人去取代劳动力的人最终恰恰就收获了不积极、不成熟的员工。

萨宾娜·胡布纳：服务是一种文化、一种举止，要使服务文化始终如一，你需要3个要素：明智的服务、有效的过程以及合适的员工。在某些情况下，员工所表现出的那些没有标准可依，但又令人信服的举止往往能够拯救客户的忠诚度。服务文化的体验说白了就是人们在同企业打交道中所经历的各种小故事的集合，而企业的员工是整个流程的支点。每一次的谈话或者互动给客户带来了哪些故事？如果没有故事，那就没有能够让人回忆的体验。

关键词“德国制造”就说明了产品质量在德国有着悠久的传统。您如何评价产品质量同服务质量之间的关系？

萨宾娜·胡布纳：作为奥地利人，我有体察到缓慢的变化，但我觉得德国依旧把焦点非常强烈地集中在产品本身上。一些生产型的企业仍旧在不断地开发很多和客户没有关联的东西，反之，那些和客户有关联的东西却没有被提供，比如一些有意义的辅助性服务。当下一些企业的盈利中有70% ~80% 是通过提供服务带来的。在这里面还有更多钱可以赚。

卡斯滕·拉特：如果人们意识到，无论一台机器多么锃光瓦亮，在一系列流程的终点处站着的始终都是客户，那么企业的生产也会从中极其受益。

如果企业经常倾向于从开发者的角度而不是客户的角度去作为，那么通过客户反馈能不能改变这种局面？

萨宾娜·胡布纳：客户的反馈很重要，但是通过问卷所带来的创新效应是有限的。客户很喜欢把你同你的竞争企业做比较，提到的一些要点是你早已经知道的。他们希望甲方能够提供他们在乙方那里看到的东西，但是真正的创新提供的是一些新的东西。

那也就是说，为了避免习惯效应，我们必须要不断地提供新鲜事物？

卡斯滕·拉特：我想在此区分一下产品相关性和服务相关性。技术上的创新依赖于不断提供新鲜事物，并以此提供更多服务的契机，你可以拿你的智能手机同10 年前的手机做一下对比。而相关的个性服务从本质上来说是长久不变的，比如发自内心的真诚及友好，这些要素决定了我该从哪里购买我需要的产品。造就这些区别的是人本身，而不是那些相互间越来越类似的产品。

萨宾娜·胡布纳：从另一方面来看，客户真正需要的是什么？我不想要一台新冰箱，不要那种新兴产品，但能让我感兴趣的会是一台能通过物流供货系统自动补充物品的冰箱，这就是创新。我认为，很多行业内的关键不在于产品本身，而是附加的服务。此外，不是所有的新东西都自然而然地会成为好东西，客户喜欢也需要那种带来安全感的熟悉氛围，关键在于如何把不可或缺的习惯同需要摒弃的陈规区分开来。

在您看来，清晰的准则对良好的服务有多重要？

萨宾娜·胡布纳：没有准则而取得的成绩纯属偶然。在此，我比较想用“隔离栏”或是“引导”这样的词，而不是“准则”。我很喜欢把服务和在6车道的高速公路上驾驶做比较。在公路上行驶，一方面有清晰的准则来制约，比如不得逆向行驶；另一方面，你也有很大的自由度，比如你可以自己选择在哪个道上开或者中途是否进一下服务区。隔离栏确保了服务策略是否能够贯彻到底。如果不这样做，一位新员工如何能够很快地融入一种服务文化呢？大企业中又如何能够形成一种统一的服务文化呢？为了使服务文化的执行不取决于某一个人，我们要对员工进行引导。给员工的自由空间越多，他们也就需要更多的引导来确认他们是否还在这条高速公路上。必须要让客户能够相信你的服务处在一定的水准上，当然，个人的亮点会在一些情况下成为画龙点睛之笔。

卡斯滕·拉特：我们需要用准则去解释一些最基本的问题。更进一步来说，你还需要成熟的员工及管理者，并放心让他们放手去干。

如果只允许您对想要追求卓越服务的企业家给出一条建议，那么这会是一条怎样的建议呢？

萨宾娜·胡布纳：对于身体力行的服务文化来说，相关性以及最终的结果是最重要的两条成功标准，但同时也是最大的障碍。什么是同客户有关的？我如何有目的性地把相关的东西进行落实？

卡斯滕·拉特：如果和员工唱反调，那么服务是无法运作起来的，我们必须把他们融进来。请把你的注意力集中在那些为数不多的同客户息息相关的东西上去，而不是一味地把你的竞争对手作为标杆并紧随其后。

近期有哪些服务体验给您留下了深刻的印象？

萨宾娜·胡布纳：我的银行顾问给我留下了深刻的印象。在我动完一个需要全身麻醉的小手术回到家中之后，她打了个电话给我。我开玩笑地说，因为今天刚做了麻醉，所以不方便谈论有关银行的事宜，而且医院特别警告我要注意麻醉剂的副作用，不要去签署任何合约。这位银行顾问没有像其他人一样说一些“祝您早日康复，我之后再与您联系”之类的话，而是非常有人情味地问道：“有人照顾您吗，胡布纳女士？或者您需要我给您捎些什么东西过去吗？”这样极富人情味的举动令我感到非常惊讶。

卡斯滕·拉特：最近，在搭乘阿联酋航空商务舱飞往迪拜的班机上，有人问我需不需要个床垫。当我给出惊讶的肯定回答后，一张床垫已然被放置在原本就非常舒适的伸缩座椅上。这样的事情我之前从没遇到过，它给我留下了深刻的印象，因为在这里，优质服务自始至终地被坚持下来了。

图2　卡斯滕·拉特（左）与萨宾娜·胡布纳（右）

卡斯滕·拉特是一位在世界范围内经验丰富的企业家及大型酒店经营者。作为卓越服务方面的专家，他自 2008 年以来在国内及国际的讲台上献上了很多令人瞩目的演说。他是 LHEG AG 以及 CKR 卓越服务学院的创始人兼首席执行官。作为高级管理人员，他曾在四大洲筹建了许多豪华连锁酒店，包括那不勒斯的丽思·卡尔顿酒店以及柏林的阿德隆酒店。

萨宾娜·胡布纳是极受欢迎的主题演讲人及许多书的作者。作为服务行业中的企业家，她把自己的专业知识投入咨询活动中。她的战略解决方案深受德国国内外企业的青睐。德国 Pro7 电视台认为她是德国国内服务专家中的第一人。《焦点》（*Focus*）杂志则将她归类为成功创造者。

第一步
价值观反馈

只有掌握方向的人才能指出方向。

——彼得·祖恩
（职业经理人）

— 案例 —

- 不久前我主持了一场管理层研讨会，会议制定了企业的质量方针。当提到“大家今后如何同员工在质量要求上进行沟通”时，全场突然一片寂静。最后，还是有一位部门经理鼓起勇气说：“这很简单啊，我们可以把质量方针上传到网站上，并在前台放一块布告板来陈述我们公司的质量理念。”他的回答引发了一场激烈的争论：这样行不通，你想让前台总有一个人因为布告板而站在那里吗？最终，大家在会上没能达成统一的意见。显然，人们都害怕直接面对自己所提出的要求，更何况那些所谓的价值观呢？但好是远远不够的！
- 越来越多的酒店和活动组织者正在把诸如可持续性发展以及合理利用资源等作为自己的价值观。比如，毛巾会根据客人的意愿来更换而不是每天自动更换，避免在自助早餐中使用一次性包装——这些都是值得肯定的。然而这些又怎么能够和菜单上的阿根廷牛排以及晚宴活动中大功率耗电的灯光表演相提并论呢？好是远远不够的！

- 当下，很多企业都认识到，拥有满意的员工是让客户满意的一个条件。因此，在企业的纲领以及网站上会宣传诸如“肯定”、“公平”或者“开放”之类的价值观。但是也有可能出现这样的情况：比如在公司的大门口、衣帽寄存处或者服务台存在着很多所谓的临时工，他们比正式工要少挣很多。一位不甚友好或者手忙脚乱的衣帽寄存处工作人员给客户留下的企业印象比任何高光彩页的手册还要深刻，而这点却往往会被忽视。“好”在此是远远不够的。

上述内容将开启本章对于价值观的讨论。当然，你也许早就注意到了：所有这些例子都围绕着要求和现实，围绕着价值观遵循的问题以及它在企业日常事务中的应用。

为什么谈价值观？ 有哪些价值观？

★“价值观”不仅仅是和金钱有关

没有人能够很自信地去讨论价值观的问题，在媒体和公众的面前尤其如此。而当优秀经理人谈到他们数以百万计的薪资时，当投资银行家把他们的雇主置于不利境地，而立马又转身索要高额奖金时，或是当公司违反了自己的合规条款，通过行贿来获得国外订单时，价值观（或其所缺乏的）往往就很乐意被人提起。令人惊讶的是，当谈到“经济和价值观”这个话题时，往往就和金钱扯上了关系，也的确是关于钱的。然而，价值观与质量和服务又有什么联系呢？

★遵循价值观＝积极的氛围

两者之间的关联显而易见：得到落实的（积极）价值观可以营造出一个积极的工作氛围，并能让员工感到舒适。满意的员工则是成就满意的客户的最佳先决条件。没有意识到这一点的人，可能会回忆起某个严厉上司或不友好的同事在场时的服务场景。即使之后为你服务的人员非常努力地表现出他的友好，你也会觉得他的笑容只是种摆设。哪怕你没有亲眼看见内部的不和谐，当你进入商店、酒店或诊所时，你也能感受到那种气氛的紧张甚至是恐惧。大多数人都有对于气氛的感知能力，而这些人都会因此被感染而精神不适。这不是一个给予良好服务体验的先决条件！

★遵循价值观可以让情感得到释放

任教于哈佛商学院的社会学家及经济学教授罗莎贝斯·摩斯·康特（Rosabeth Moss Kanter）对此写道："企业的业绩以及行为不只是靠理性主义来决定的，情感也在其中起了很重要的作用。氛围是非常有感染力的，它会影响到错误率、健康、责任心以及精力；而我对于团队及组织的研究也显示，它与绩效水平存在相互提升或是打压的关系。把价值观和原则理解对了，就能释放出积极的情感，也保证了员工能够更积极地投入工作中。"[①]

★西南航空的例子

当然，也有其他不同的看法。赖因哈德·K. 施普伦格（Reinhard K. Sprenger）在他的著作《领导力的五项修炼》（Radikal führen）中就反对在企业中实行一系列的明确价值体系，因为它们很难一一落实，这反而在公司中形成一种讽刺的意味。[②]和施普伦格不同，我比较赞同摩斯·康特的观点，把一些基本理念，如相互合作作为一个课题来对待，明确指出人和人之间应当如何相处，并将其落实到实际的生活中是一件值得做的事情。这里有一个例子是关于美国西南航空公司的，

---

① 资料来源：Rosabeth Moss Kanter，Anders wirtschaften，in：Harvard Business Manager，Febr. 2012，S. 27 ff.，hier：S. 32。

② 资料来源：Reinhard K. Sprenger，Radikalführen. Frankfurt am Main：Campus Verlag 2012，S. 157 ff。

它被认为是一位“特别关怀型雇主”，在一项由美国交通部发起的研究中，西南航空成为“旅客投诉率最低的企业”[①]。

★价值观的意义越来越大

管理层是企业中负责价值观宣传并希望其能够得到具体落实的部门。从 2006 年起，德国价值协会（Wertekommission-Initiative Werte bewusste Führung e. V.）会定期访问一些德国国内的管理层的代表，结果表明认为价值观在企业成长中发挥着越来越大的影响力的管理层成员不断在增长。2012 年第四次调研时，90% 以上的受访者认为，企业价值观的影响力“大”或者“很大”。[②]企业的管理层把经典的美德“责任”和“信任”视作最重要的价值观，然后是“正直”及“可持续发展”。

★软因素的重要性

这听起来像是在危机时期恢复了基本要素，但和另一家机构对于效率化工作环境的调查结果恰好吻合。在全球 45 个国家开展的“优秀的工作场所”评比中，德国企业被授予“卓越的工作氛围”称号。许多员工调查反复证实了软因素才令雇主有吸引力，而非特殊津贴或者其他活动。这家机构的共同创始人罗伯特·乐维林（Robert Levering）总结道：“一个有吸引力的工作场所是让员工信任他们工作的地方，让他们为自己所做的事情而感到自豪，并且喜欢与其他同事共事。”[③]该机构将信誉、尊重和公平（作为“信任”的共同基础），以及团队精神和自豪感定义为核心价值观。

---

① 资料来源：Alison Beard/Richard Hornik，Auf dem Weg，in：Harvard Business Manager，Febr. 2012，S. 42 ff.，hier：S. 47。

② 可 www. wertekommission. de/content/pdf/kampagne/Fuehrungskraefte-befragung_2012. pdf 下载该研究课题。

③ 资料来源：www. greatplacetowork. de > Unser-Ansatz > Was ist eineausgezeichnete Arbeitsplatzkultur?。

★共享价值观的理念："Shared Values"

前微软经理人罗伯特·勒伯夫（Rob Lebow）讲述了第三个经实践检验的针对企业价值观的要点。他也强调，如果企业能够在共同价值观上达成一致并采取行动，那么它将能够获得更好的效益。他的“共享价值观”的理念是以一项对40个国家的国际调查的评估为基础的，这是关于“人们如何喜欢工作”的问题。从1 700万条记录中，我们提炼了8个根本性的基础价值观：

- 诚实（员工的言行中表现出的诚实）；
- 正直（在公司里只说事实、讲真话）；
- 信赖（相信你的员工）；
- 开放的氛围（有接受新想法和建议的意愿）；
- 风险承受能力（做出不受欢迎的决定的勇气）；
- 赞许（在适当的情况下表示赞许）；
- 无私（把他人的利益放在第一位）；
- 当导师（投入足够多的时间去帮助、引导他人）。[①]

★落实是关键

这些听起来是些很简单的、共同的原则，但是实施起来却不那么简单。总的来说，对于企业的氛围来说，那些摸不着的东西才是关键。

长时间以来，喜利得集团（Hilti）就是落实价值观的标杆型企业。喜利得是一家1941年成立的家族企业，该国际化集团如今在全球超过120个国家拥有20 000多名员工。喜利得被视为建筑工业的创新型伙伴，特别是在钻孔、磨削以及测量技术领域。喜利得的企业价值观

① 资料来源：Christiane Sommer，Wasist was wert?，in：Brand eins 8/2000. In Deutschland wird das Konzept von Persolog（Remchingen）vertreten（DISG-Werte und Einstellungsstudie VAS）。

是：正直、勇于改变、团队合作以及高度的责任感。[①]这些价值观像一条红线般把企业的自我展示贯穿起来，并反馈到诸如企业方针或者招聘启事中去。喜利得所使用的指南针形式的图例，通过简短的叙述，把企业价值观的作用显示到点子上了。[②]

★强大的价值观来自高层

这也说明了另一件事：强大的价值观不是“价值观民主”——那种在公司中因被大多数人意见所主导而带来的结果，而是必须由公司高层来设定并亲身实践。如果高层脱离这一责任，那么他们就必须承担因为没有建立一种阐释清晰的价值准则而带来的风险。这些价值观不一定能够为企业带来一种有成效、有投入的生产状态，当你只去宣传而不实施这些价值观时，那么你也将承担同样的风险。“员工总是注意言行是否一致。”公司创始人迈克尔·喜利得（Michael Hilti）这样表示。[③]如何对企业价值观进行沟通及实践将在下文进一步地讨论。

所有这一切都表明，一家公司首先应该考虑到人际互动中的尊重和赞赏原则。信任、尊重以及公平等基本价值观对在公司中形成积极的氛围是必不可少的，而这又正好能够使持久积极的服务体验成为可能。在2011年，德国采纳了ISO 26000社会责任指南标准，也在此意义上要求“公平的处理方法”，以及在商业实践中的以人权为本的取向。[④]

---

① 资料来源：www. hilti. de ＞Über Hilti＞ Das Unternehmen＞Ziel, Zweck und Werte。

② 资料来源：Unternehmenskultu：Hilti Werte。

③ 资料来源：GoingPublic Magazin 3/2010。该企业的形象被冠以“隐形冠军，喜利得股份有限公司”。

④ 有关ISO 26000的信息请访问www. csr-in-deutschland. de（该手册仅作为指南，而不是认证工具）。

★价值观的本身是一种收益

一家公司是否将所有这些规则都纳入了官方的价值观，或者像喜利得所选择的那样——侧重于特定的优先事项，是由每个组织自行决定的。例如，国际知名的管理专家吉姆·柯林斯（Jim Collins）在一项为期30年的关于顶尖企业成功原则的长期研究中得出这样的结论：明确且时刻遵循的价值观对于一家企业来说起着决定性的作用，而不是这每一项价值观本身的内容。可预见性和稳定性同样也可以产生一个让许多人感到舒适的框架。[①]

★可预见性及稳定性是关键

你的企业理念是否可以令人理解？所有的员工都知道企业中的那些重要价值观吗？最重要的是，企业的管理层知道这些价值观吗？管理层有没有对一份将作为日常行为指导且清晰明了的价值取向得出一致的意见？这需要他们能够有意识地抛开日常事务，而去展开一场针对价值观的讨论。比如下文中所演示的大西洋酒店（ATLANTIC Hotel）的例子，依托于 Qnigge® 原则，其在开展咨询活动的时候，时刻把价值观高挂在旗帜上，并坚定地把它和酒店的名字联系在一起。图 1.1 更加清晰地阐明了一切。

他们提供：

q——高质量的服务；

n——持久有效；

i——积极不断地发展；

g——给客户以及自己带来收益；

g——真实可信，将给予别人的建议对自身付诸实施；

e——感性，因为情感是人类行为活动的发动机。

---

① 资料来源：Jim Collins，Der Weg zu den Besten. München：dtv，8. Aufl. 2008，S. 247。

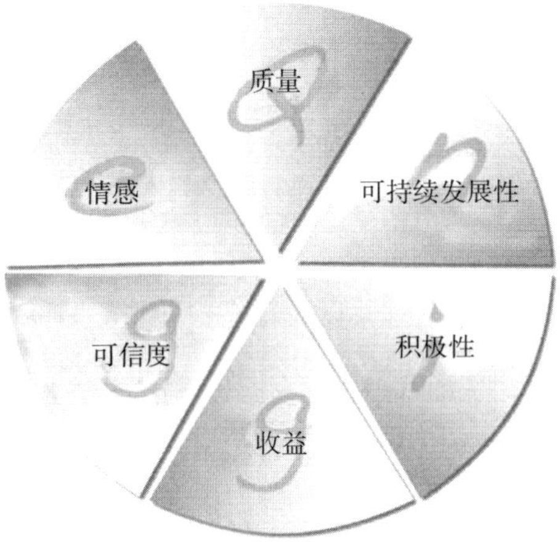

图 1.1 Qnigge® 价值

质量是首要的，因为酒店的目标是满足客户的期望并不断地尝试去超越。一家把服务质量作为核心价值观的企业，能够很好地将它的价值规范在企业内外的传播中保持一致。

“质量”的价值

★“质量”带有什么含义？

在演讲时，我经常会问与会者是如何理解“质量”的。回答一向是多种多样的：有些人联想到了“标准”，也有些人说是某些“特别好的”或者是“独有的”东西。而质量原本的定义却是非常中性的，该词是从拉丁语“qualitas”引申而来，意为“本质特性”。当我们在日常生活中谈到“糟糕的质量”时，这个概念就容易被理解了。质量管理从根本上来说就是旨在确保稳定性良好或者高端的质量。所以“质量”就成为一种积极的定义，是一枚验讫章，也经常和“质量产品”联系在一起。

无论公司是否选择带有认证的、系统性的质量管理体系，以下条件皆适用："那些想保证高（服务）质量的人应该在企业中明确地表达这一点，并将其写入价值规范中。"现在我们都知道仅仅用语言是不够的——价值观必须被落实和检验，以便在日常事务中产生效果。在下一章，我们将对此进行详细介绍。

★细说质量

安雅·福斯特（Anja Förster）和彼得·克罗伊茨（Peter Kreuz）在他们的著作《轨迹而非灰尘》（Spuren statt Staub）一书中，用一件小事描述了落实质量的意义。在一次演讲前，他俩在保时捷公司位于莱比锡的装潢典雅的大厅内等待出场，不料这一令人震撼的气氛却被一个不稳的桌子蒙上了阴影。于是，福斯特和克罗伊茨想向正好路过的一位保时捷员工要一个啤酒杯垫。

半分钟以后，那位工作人员带了内六角扳手和水平仪重新出现了。在很短的时间内，他完美地将桌子调整完毕，离开之前简单地说了一句话："我们保时捷是不会用啤酒杯垫来做工具的！"[①]

★内外必须一致

很明显，保时捷将其在汽车行业所采用的高质量标准成功地植入了这位员工的意识中，而简易的啤酒杯垫显然不适合作为解决方案。这个小故事揭示了如何为"质量"这一价值注入生命力。质量同那些啤酒杯垫之类的解决方案是格格不入的，换言之，如果你对自家的后勤办公室、人事管理、公司食堂甚至办公用品不能做到保证质量的话，那你也无法向客户

① 资料来源：Anja Förster/Peter Kreuz，Spuren statt Staub. Wie Wirtschaft Sinn macht. Berlin：Econ，3. Aufl. 2009，S. 28。

承诺“优质服务”。一家想要时刻遵循质量的公司，必须完全符合上述要求。否则，你能够想象一位坐在高度磨损的办公椅上，不断与过时科技做斗争的员工，可以在电话中热情地使客户相信公司那些创新产品的优异品质吗？俗话说，“金玉其外，败絮其中”，这其中所存在的不信任是有理由的，是骡子是马得拉出来遛遛。

★质量始于细节

在此前对2012年的展望中，德国质量协会的区域总监本尼迪克特·索莫霍夫明确提出了一个全面地对质量的表述：“在企业层面的总体质量……是由产品和服务质量两者组成的。方针、领导模式、价值观和被落实的企业文化体现了企业质量的方方面面。它们对产品和服务质量的影响往往比设备、软件或者材料更大。”[①] 员工会去评估，质量标准在那些客户不能够直接接触的部门中是否被设立和遵守，如此才能评判一家公司的管理层如何真正地去阐释质量的意义。质量总是起步于自身，这也适用于管理人员。我们在下一章（第二步：建立起合适的团队）中会谈到领导质量，在“第三步：定义并管理工作标准及流程”一章会讲到明确的标准和过程对于整个公司的意义。

★目标：内外都要让人眼前一亮

如果公司把质量作为一种价值观、一种态度的话，那么它对于公司的人事政策、晋升或加薪都会有影响。如果满足了质量要求，则会产生好的效应，反之亦然。顺便说一下，当一家公司表里如一的时候，也就达到了一种服务质量标准。更进一步地说，我们自身的质量标准也应该顺理成章地用在供应商、合作伙伴以

---

① 资料来源：Deutsche Gesellschaft für Qualität（DGQ）（2012），S. 84。

及其他商业伙伴身上。比如对于一家饭店来说，与其关联的就是食品和饮料供应商、清洁工作人员。对于活动主办方来说，与其关联的则为那些负责美食、娱乐、营销和服务的合作伙伴。在这里，可靠的质量要求有着重要意义，一旦质量低下必然会带来严重后果。

★干净利落：正式的质量申明

为了使价值观在公司中得以落实，必须先对其进行测试并沟通。就质量而言，这可以通过一份正式声明来完成——这样的一份文件对于本章开端的那个例子中的经理们来说，显得很难产。这里所需要的不是复杂的营销口号，而是让每个人都能够理解的、清晰的声明。Relaxa 酒店集团中就有一个成功的案例，它通过“Relaxa 质量政策”精确地描述了它对质量的要求。以下是部分摘录。

★摘自“Relaxa 质量政策”

1. 作为伙伴，可靠、权威以及公平是我们的出色之处，这表明：

- 我们最迟在 24 小时内回答客户的问询（周末除外）；
- 我们充分执行合同，并全方位地配合实施；
- 充分考量在我们力所能及的服务范围内对于合同修改的要求。

2. 我们始终专注地、友好地以及乐于助人地关怀着我们的客户，这也就意味着：

- 我们主动地传递新闻及资讯并毫不迟疑地做好准备；
- 我们主动地走近客户；
- 我们始终致力于记住每位客户的名字并与其建立个人关系；

- 我们积极地提供增值服务；

……[1]

再举一个例子：一家在柏林提供急性精神卫生护理的服务中心 Platane 19，并没有按部就班地遵循 ISO 9000 质量体系，而是给出了明确的定义。

★一家社会机构的质量声明[2]

Platane 19 所申明的质量方针包括以下内容：

- 只有专业资质合格的员工才能在 Platane 19 工作；
- 不断地收集客户、赞助商以及合作伙伴的要求、需求以及愿望，并将其纳入今后的报价中；
- 要求并支持员工的再教育；
- 把那些集思广益的机会，诸如案例分析、监督批评或者协作咨询作为常态，融入日常的工作中；
- 在所有部门制造出专业标准并根据所认知的程度进行匹配；
- 在质量评估中充分考虑客户的意见；
- 组成专业的管理团队；
- 使用现代化的工作设备及方法；
- 每年年初确定质量工作的重点。

这两份声明都反映了在具体情景下，企业对于什么是“质量”这一具体含义的深入思考，这是一项卓有成效的工作，也是那些被批评为脱离实际的认证过程中的一个不可或缺的部分。

---

① 资料来源：www. relaxa/hotels. de。

② 在此，我非常感谢 Hans Peter Pabst 通过页面 www. management-mit-verstand. de/？p =375 中的文章所给出的提示。

落实价值观， 做出价值榜样， 沟通价值观

★道德的闲暇

企业在网站上宣传的价值观是一方面，而能否植入公司日常事务中是另一方面，并且这才是真正的挑战。"通常情况下，这里缺乏道德的闲暇"，《经理人研究》杂志（*managerSeminare*）在《规则的状态》一文中提到了这种担忧。[①]如果要使价值观让人信服，那么它们必须被落实、经过验证，并且清楚地进行传达。

落实价值观

★过多的压力会起到反作用

如果价值观没有得到落实，那么个性上的缺陷往往要对此负责，但原因更多地在于：许多领导者同时受到多重的压力，因为许多公司机构会同时将时间、成本以及业绩的压力施加下来。此外，以价值观为导向的行为无法直接去衡量计算，像员工士气遭受打击、辞职或是形象损害这些不断出现的价值阻碍所形成的"附加伤害"要在中期（而后在经济上）才能得到体现。有些高管只对眼前的利益感兴趣，如此便能由两方面去理解如下这些带来消极效果的行为。

- 一位领导者在抽根烟的间隙把一位团队带头人叫了出来，潦草地对他说，他的团队要进行改组。
- 一位上级用了几句话草草地描述了新的架构，他用激励的语气在员工离开前说："现在就这么去做吧！"
- 一位总经理在刚度完假且事先没有得到任何提醒的情况下，通过电子邮件被告知要去公证处一次。因为母

① 资料来源：Sylvia Jumpertz，Vom Zustand des Anstands，in：manager SeminareH. 158，Mai 2011，S. 24 ff.，hier S. 27。

公司已决定聘用新的总经理，因此需要去公证处公证。

- 一位部门经理在他的直属上级不知情且未参与的情况下雇用了一位服务人员。作为报复，直属上级想方设法地阻挠这位新员工的培训。
- 一位管理者想方设法地劝说一位能力不足的员工自己辞职。当他拒绝合作时，该管理者威胁道："从现在起，你在这家公司永远不会过得开心。"

★企业价值观的实践测试

遗憾的是，上述种种情况并非个案，许多职场人士都谈到过这样的经历。在咨询过程中，我经常遇到失意的员工，他们抱怨那些宣传中的价值观并没有被遵循。要使价值观得到遵循，那就必须在日常生活中不断去锤打，这意味着在实践中必须坚持以下内容。

- 每个员工都应熟悉价值规范（见后文价值观交流）。
- 例如通过建立质量方针的文档，可以在企业中促进各部门、各个工作岗位对于价值观意义的认识。
- 价值观也会体现在企业的领导方针中。
- 价值观会对企业的人事方针产生影响：违背价值观会带来严重后果。对公司价值观的认同及实际的执行情况会对招聘、升职、工资及奖金产生影响。
- 对于有悖价值观的行为可以通过诸如"道德热线"或者匿名信箱进行反映。

★起决定作用的是"怎么做"

价值观的冲突不可能完全避免。例如，在解聘浪潮中，你该如何去传达"价值尊重"？当管理层对即将进行的重组保持缄默时，所谓的"坦诚公开"又在何处？

当两位资历及对工作投入相同的员工中一位必须离开的时候，我们又如何去诠释这种解聘是“公平”的？没有灵丹妙药能够解决这些情况。然而，即使有些东西的本质无法改变，却总有调整的空间。我们可以很好地去利用这些空间，比如，达成公平的解聘条款或者加强再就业援助，这些都是迈向更可信的重要步骤，但也可能是赖因哈德·K. 施普伦格所担心的一旦违反价值观所带来的冷嘲热讽。当然，直面并承认错误也是提高可信度、反驳那些愤世嫉俗的放弃价值观理念的重要环节。

做出价值榜样

★领导阶层应该成为价值的榜样

有这么一句谚语：“说到不如做到。”做的比说的算数。如果决策者言行不一，任何光鲜的手册和周末的谈话都会黯然失色。每个人都很清楚，但不是每个领导者都很明白，一些细小的行为会产生巨大的后果并对他们的可信度造成伤害：例如一位董事会的新成员迅速施行成本缩减而同时费尽周章地装修自己的办公室；又比如一位领导者一面为着价值观唱赞歌，却又不屑于问候自己的员工；再比如某人宣称自己信仰公平和尊重，却以命令的口气发号施令。这些情景会对企业所宣扬的价值观造成侵蚀。

对此，Kienbaum 公司总裁瓦尔特·约赫曼（Walter Jochmann）谈到了所谓的“象征性体验”，并指出了克劳斯·柯菲德（Klaus Kleinfeld）几年前因为一块劳力士手表而引发的骚动（见本章末尾的访谈）。当时西门子必须进行超过 1 300 人的裁员，这件昂贵的装饰品显得非常不应景，所以马上就被处理干净了。[①]

---

① 资料来源：Verdacht auf Foto-Retusche：Der Siemens-Chef und die verschwundene Rolex im Internet unter www. spiegel. de（2005）。

事实上，董事会办公室中的一块新地毯、一块5 000欧元的手表对一家集团企业的影响非常小，而形象及员工对其的解释才是关键。人们往往喜欢过分夸大、不合时宜或者失实地去诠释这一事件，即使如此，它的影响仍在。有一些领导者没有意识到，他们在进入领导岗位的同时也站到了一个永远被敏锐地观察的舞台上。员工对于同事的缺点可以一笔带过，但是对于自己的上司就没有那么简单了。

★领导者始终在被他人注视着

不管他们自己是否愿意，领导者们都起着榜样的作用，所以，他们的行为处世的象征意义起着积极或是消极的示范作用。在所有人都必须削减开支的情境下，管理层也乘坐经济舱出行，这无疑是件好事。如果服务质量是企业的核心价值，而当管理层能为员工提供良好服务，比如及时给予反馈或者提供深造机会的时候，该价值观的可信度也就大大增强了。就像腓特烈大帝曾经说过的那样：毕竟，一位贵族也是为其国家而服务的仆人。

★行为处世的象征意义起着哪些作用?

价值观

员工对企业的价值观有多深的了解？对此，我们在2011 年3 月的一个大约160 人参与的以“价值观创造价值”为主题的报告会上做了一次即兴问卷调查。这些人全部来自会务行业，结果令人喜忧参半。在参加问卷调查的110 位听众中，有52.7%的人了解他们的企业价值观，有44.5%的人不了解他们的企业价值观，而只有2.8%的人表示，他们的企业没有定义过价值观（见图1.2）。

从积极的一面来说，价值观是一项明确的课题，它几乎在任何一个组织团体中都发挥着作用。而令人震惊的是，几乎半数的受访者都不知道他们所接受的企业价值观是什么。而那些没有渗透到日常意识中，且无法为行为保驾护航的价值观所存在的意义就不大了。只有当那些所宣传的价值观同其处理方式彼此相互交错时，才能影响到客户对于服务的体验。

★员工对于其企业拥有的价值观的认知（在一次讲座中的调研）

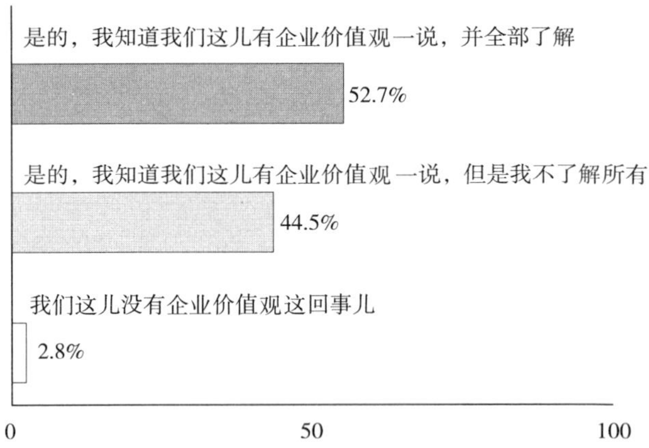

图 1.2　你了解你的企业的价值观吗?

★价值观在何处体现

可信度是价值观明确性和价值观交流的总和。用作价值观在企业中交流及保持活力的媒介有：

- 那些挂在黑板上以及写在员工入职欢迎手册中的纲领；
- 形象手册、广告、招聘启事——比如像喜利得那样能够简明扼要地阐述核心价值观；
- 招聘面试以及员工谈话；
- 自家的网站；
- 公司内部的网络平台；
- 前台或会议室内的展板；
- 用镜框裱装后放在公司的醒目位置。

过多的词句往往会造成无法准确地传递所要表达的信息的风险，因此，请检验一下你的公司的价值观是否能够通过图形去表达。如上所述，我们已经将 Qnigge® 通过价值饼图来描述大西洋酒店的价值观。此外，大西洋酒店也将其企业价值观可视化，它还在一个全面的质量管理过程中开发了一个具有管理准则的价值观体系。重要的是，管理层的董事、总部的行政人员和酒店的各部门负责人都能够介绍他们自己的想法，以建立一个可行的价值观和管理系统。在激烈的讨论中，酒店的价值观出现了，一只名叫 QROGL® 的小鳄鱼（见图 3.1）作为该企业价值观的吉祥物而诞生了：

★让图片说话

- 质量（Qualität）；
- 尊重（Respekt）；
- 乐观（Optimismus）；
- 可信（Glaubwürdigkeit）；
- 忠诚（Loyalität）。

图 1.3　大西洋酒店的企业价值观吉祥物 QROGL®

QROGL® 是受保护的注册图文商标，它时常用一种诙谐的方式提醒我们那些大家可以共同申明的价值观。同时，大西洋酒店通过这个例子再次展现了，简明扼要的语言往往能够更好地在日常工作中被接受。冗长的描述很可能会被认为是通过抄袭其他公司的理

★讨论价值观的价值

念方针，或是职业公关所设计出来的东西。价值观不是光说得好听就行，它关系到与客户、利益相关者以及其他人沟通过程中的质量意识。在某种意义上，无论最后的结果如何，每个关乎价值观的讨论都有其价值。

要点一览——价值观

- 日常中所遵循的价值观确保了积极的企业氛围并提升了员工满意度。
- 拥有满意的员工是获得满意的客户的一项重要条件。
- 不同的研究证明，基本价值观是企业内部能够互相尊重的条件。
- 少即是多：在企业日常中，简明扼要的陈述比喋喋不休的语句要更有效。
- 企业的价值观必须通过管理层来制定、传达，且管理层须以身作则。
- 如果想让企业价值观被严肃对待，那么损害价值观的行为就必须被惩罚。
- 管理层必须意识到，他们的行为举止会受到仔细地观察。一些“小事”可能会被放大为标志性事件（比如在经济困难时期去星级餐厅应酬）。
- 那些标榜服务质量的企业须将“质量”的价值观，通过比如起草一份质量方针之类的方式，固定在员工的意识中。
- 对服务质量的要求并非是一套孤立的规范，它必须被嵌入领导者素质中、有质量要求的人事工作中、高质量的工装及设备中。简而言之，就是在企业的质量中。

—访谈—

以价值观为导向的企业管理

对话瓦尔特·约赫曼博士

哪些核心价值观是不可或缺的?

约赫曼博士：大约有100个形容词可以用来描述员工在公司的行为举止。我不认为有某些“特定”的不可或缺的价值观。我们在克伦博公司划分出了3个空间或者说“价值观世界”。我们建议企业至少将自己定位在其中的两个空间内。第一个空间是那些理性的价值观，比如“能力”。第二个空间则着重于人际间或者说是一些关联的价值观，比如“面向客户”或者“情感投入”。第三个空间包含着一些更深层次的东西，专注于比如“完美”这样的概念。关键的一点是，价值观是一种理论上的描述，而企业需要精确的定义，也就是说：“这些对我们来说具体意味着什么?”

在招聘过程中，求职者的价值观起到了什么程度的作用?

约赫曼博士：克伦博公司所提出的职位要求中有很大一块侧重于“动机以及价值观”。然而，我们必须认识到，价值观是很难被评估的，而最容易看到的是那些表现出来的技能、能力以及个人的经验。应聘者往往是通过简历和企业要求的对比筛选出来的，同时，也是决定性的层面是所谓的行为层面。这个层面中存在着比如分析能力、纪律性或者是感同身受的反应之类的元素。比如，我们要求应聘者做个自我介绍或处理一些业务案例。而价值观，也就是自己行为的根本，不是每个人在任何情况下都能意识到的。除此之外，也存在一种风险，即人们希望跟随整个社会的价值取向。在招聘中，我们使用个人问卷来诊断价值观和动机。还有一个重要的方法是深入访谈，探讨专业变革或处理职业危机的经验动机。公司的价值观，即客户的价值观，是招聘中的决定性因素。我们的任务是，从一个人在工作环境中的行为推断出这个应聘者是否适合一家公司。例如，一位大型集团的战略主管是否适合一家注重成本控制、节约和实际执行的中型企业。

也就是说您认为对于企业和员工的价值观来说，适用于“相互对应”而不是“相反互补”这样的情况，对吗？

约赫曼博士：价值观决定了公司的文化。如果在一家公司中存在着强势的文化，则应倾向于采用“相互对应”这样的模型。以价值观为导向的企业管理意味着，关键岗位上的员工要懂得分享某些基本价值观。真正的考验是，当你必须对那些绩效极佳，却同公司价值观格格不入的员工做出抉择的时候。在一家以价值观为核心的公司里，这些员工必须走人，相反，投机式的公司可能很难把违反价值观这一问题放到桌面上来谈。行必有果也是以价值观为导向的企业管理的一部分，同时，它也包括从一开始就明确这么一条信息：价值观对我们来说不仅仅是一张纸，还是我们生活的一部分！

如何在企业的日常中最有效地贯彻价值观，比如通过应变过程吗？

约赫曼博士：没有那么简单，但是这里存在一些必要因素。

1. 要让每个人都看得懂对价值观的描述。
2. 将价值观结合到实际中。讲明价值观同工作以及相互间合作的关系：我们是如何领导企业的？我们是如何做出业务决策的？
3. 价值观必须融入人事决策中，且作为选拔、提拔以及培训的标准。
4. 领导者必须意识到自己应发挥出榜样作用。企业中的那些“头狼”如何进行价值观沟通会始终被聚焦在闪光灯下。

为什么榜样的效应如此重要？

约赫曼博士：比如，新闻中柯菲德的照片旁写着“5 000欧元的手表”这么一个标题，的确引发了一场骚动，这也表明了这个问题有多么敏感。价值观是否得到真正的落实，取决于日常工作中的一系列具体的表现。价值观的很多承担者没有意识到，他们的整个人生始终都在聚光灯下。而新兴媒体加剧了这一效应，如今，在一家饭店中不愉快的经历马上可以通过社交媒体进入公众视野。

您如何评价（内部的）价值观与面向客户（外部的）服务之间的相互关系?

约赫曼博士：我个人认为它们之间的相互关系是非常紧密的。一个不能够深刻理解“能力”或者“尊重”这样的价值观概念的员工会很快失去别人的信任。作为客户，我在快餐连锁店不需要获得体验，我只需要速度。但是我如果去买一件 2 000 欧元的西装，那么我的期望中也含有服务体验这一项，在此，对于客户的特别照顾是带来成效的一个重要因素。

近期有哪些服务体验给您留下了深刻的印象?

约赫曼博士：我一时很难说出具体的某个体验。不过多年来，我所有的娱乐电子产品都是在上贝吉施县的一家个体贸易小店中购买的。这家店通过专属导购、灵活的整体解决方案以及一些我没有想到的服务，赢得了我的信任。比如，市场中如有新技术产品出现，他们可以对我在一年前购买的电视机进行免费更换。无论在哪里，只要它灵活、提供解决方案并且能够随时联系上，我就愿意作为它的客户。

图 1.4　瓦尔特·约赫曼

瓦尔特·约赫曼博士是克伦博国际顾问管理委员会（Kienbaum Management Consultants GmbH）主席。作为心理学博士，他主要负责大型企业人事战略的发展及执行，以及在人力资源范畴内的结构重组及过程优化。除了给中高级管理层提供管理评估鉴定之外，他还给董事会提供人事及劳务方面的战略咨询。

第二步
建立起合适的团队

用人不疑，疑人不用。

——中国谚语

— 案例 —

- 地处梦幻般的山景中，位于地中海某岛上的一家酒店很自豪地将自己命名为“体验酒店”（Experience Hotel）。一个天才式的建筑设计团队成功扩大并改建了一幢乡村别墅，这块绵延的土地让现代艺术和传统建筑得到了最完美的结合，而酒店的烹饪水平也是一流的。当然所有的这些都是一分价钱一分货，在这里你可以获得天堂般的享受。但两天时间就足以把你之前的好印象给摧毁。如果你在下午5:40去吧台要一杯开胃酒，那么他们会告诉你这种饮料在6:00后才会提供。你还会发现这里有许多员工在轻松惬意地聊天，给手中的玻璃杯上光，而不愿意去服务客人。那些去艺术品商店参观的客人会发现，在每一个展架上都有“录像监控”的警示以及各种各样的禁止标牌（“请勿触摸!”“请勿照相!”）。早餐时倒咖啡的都是些面无表情的实习生，这和整个酒店豪华的氛围形成了鲜明的对比。可能这里的一切都很好，但是，好是远远不够的！

- 一家德国银行业巨头在营销方面非常舍得投入：它对每周的通讯简报进行非常精心地设计和撰写；它通过设置推荐奖金、附加优惠以及投资参考来吸引客户；它刚刚装修过本地的分理处，银行大厅明亮且让人感到宾至如归。但是来到这里的客户会先在门厅穿过一排自动取款机，然后遇见一些装作没有看到你的工作人员。当你想对展示板上的投资组合进行进一步咨询的时候，别人会告诉你："负责该项目的同事正好去吃午饭了，您得和他先约个时间。""那么我是不是能够马上和他约个时间呢?""这不行，约什么时间得由我这位同事自己来决定，您还是再来一次吧。"这家分处理似乎对于客户的要求挺高。即使这家银行有些东西看上去很"高大上"，在此却又体现了那句话：好是远远不够的！
- 一家柏林的洗衣店的衬衫清洗及熨烫服务物美价廉且深受客户信赖。当一位老客户希望用100欧元的纸币支付9欧元的账单时，得到的却是收银员一句"真不要脸!"的回应。至此，之前对这家店铺的种种满意一下便消失殆尽了。争辩中，收银员还告诉他，这里是洗衣店，不是零钱兑换所。所幸，只要过两条街，他又可以找到一家洗衣店。所以说：好是远远不够的！

★销售人员为什么会无功而返？

许多销售人员常说："成功取决于最后的几米。"他们想表达的是，哪怕产品质量、品牌引导、广告手段、宣传册、店铺等一切都是那么完美，但只要销售人员在同客户的直接交流中没有做到之前的质量承诺，那么很有可能这桩生意就告吹了。例如，车行有很多有购买能力但因没有得到招待而愤然离去的客户的故事，因为卖家觉得客户所穿的休闲服装或他们的鼻子看起来配不上这一高端品牌的汽车。

★什么让客户溜掉？

一位友善且带有强烈责任感去服务客户的员工有很大可能去平衡掉产品上的缺陷。反之则不然，服务人员的不友好马上会把最舒适的氛围和最好的产品变得苍白无力。客户如果得不到尊重，就会离开。所以说合适的团队是服务质量的关键因素。

为什么说员工本身比他们的专业资质重要？

★态度决定一切

经验老到的人事专员经常说：雇用员工是因为他们的专业知识，而解雇他们是因为他们的个性。这话并不令人惊讶，因为人际间的配合要比改换专业知识难许多。送酒店吧台的服务生去参加葡萄酒或鸡尾酒的培训并让其获得相关的知识不是件难事，但如果此人本身就不爱饮酒，且对客户感到厌烦，无法提供友好的服务，那么这就变成件难事了。因此，企业需要那些有着对其产品或者服务、工作本身，以及其他人持有正确态度的员工。

★服务质量 = 产品基础 + 感性体验

专业上的不足可以弥补，当然前提是要有学习的动力。而主观能动性的缺乏却是无法修复的，什么样的专家在这儿都帮不上忙，原因很简单：服务质量依托于产品基础。比如，宾馆吧台的优质葡萄酒应在合适的温度下配以合适的酒杯端上。而对服务质量来说，还包含一份更进一步的，即感性的体验特性，它至少和酒本身同样重要。就上面这个例子来说，该葡萄酒须由一位友善的、专注的服务生端上桌，他一丝不苟地投入精力想要让他的顾客得到舒适感，他的微笑是真诚而非僵硬的。只有这两个因素都到位了，顾客才认为这样的服务是周到的。我们中的每个人一定已经有过这样或者那样的体验。

★为什么清晰的规则尤为重要？

换一种说法：服务必须经过实践，而由此需要相应的基本要素。这并不会改变明确的规则对于服务质量的重要性和不可或缺性这一事实，原因如下。

规则确保了统一性，避免了服务的随机性。

- 规则确保了规律性，减轻了日常工作的负担。
- 规则让人意识到什么是必须的，什么是所期望的（因为其使用诸如“立即”或是“反馈”这样的措辞，对所有人都有着约束力）。
- 规则给予了常态下的安全感并确保独立自主的行为。这样可以给那些没有预料到或是没有规划过的情况提供自由的空间。
- 规则可以拯救那些不尽如人意的时刻。有谁一直活得顺风顺水呢？

★首先对人，其次对事

当乘客上车的时候，那些坐在驾驶座上的人会抉择，是否要执行规则所定义的服务要点。但如果你的微笑从来没有被别人看到，且问候都勉强为之，那么再好的规则都起不了作用。管理顾问吉姆·柯林斯因此阐述出一种能够被简易掌握的公式——首先对人，其次对事，并强调，“起决定性作用的是，先将合适的人拉上船（并把那些不合适的赶下去），然后再去考虑该到哪儿去。”[1]在他的著作《通往最佳之路》（Der Weg zu den Besten）中，柯林斯在一项长期研究课题中，从11家公司里提炼出一份“企业持久性成功的七项原则”。“首先对人，其次对事”是其中之一，它可以让企业长期获得远远高于平均水平的成就。

用加强优势来弥补弱势

“改变思路”，马库斯·布兰德（Markus Brand）在本章末的访谈中会这样对管理者说。“谁对我们来说可能感兴趣并且适合我们的产品？我们可以赋予这样的人怎样的工作？”这些问题往往是很有裨益的。这份建议之所以这么重要，因为它看重的是员工的优势，而不是不足和弱势。这在企业日常工作中往往是背道而驰的：正常合理的运作被当成理所当然的事情而从不去赞赏，不足和弱势却被咬住不放并作为指责和警告的理由。在最坏的情况下，这种行为只会损害那些受影响的人的自信心和动力，此外并无任何帮助。

★改变的限度

我们每个人心里都明白，无论如何训练，耕马都不会成为赛马，胆怯的小鹿不会变成勇猛的狮子。心理学家一致认为，一个人的个性最晚在青春期的尾声会被确立下来，之后，只会有所保留地发生改变。当然，我们都不断地在学习和进步。然而，有些事情我们学得轻松且快乐，有些很费力。如果情势所逼，我们的习惯和态度会毫无保留地暴露出来，而性格特征却能保持得相当稳定。

---

① 资料来源：Jim Collins，Der Weg zu den Besten. München：dtv 2008，8. Aufl.，S. 61ff。

尽管如此，最优秀的职员经常会被提拔为团队领导者，无论他是倾向于内向、不好惹是生非，还是有极强的贯彻力、勇于决断。一些当务之急的工作比如媒体公关或是社交网络营销往往都会交给一些“仍有余力”的员工，无论他们是否乐于交流或是有无接触青年群体的渠道。若是结果欠完美，批评便接踵而至。如果从一开始就让合适的人在合适的岗位上工作，而且在招聘的时候就已经顾及到员工的天赋和个性，那么结果会令所有的参与者更加满意。

★把时间和金钱花在刀刃上

我清楚地知道，客观现实的压力使这种做法在日常事务中变得更加困难，特别是由于时间以及专业人员的缺乏。由于人口的迁移变化，这些问题在许多领域中普遍存在。然而，清醒地说，把时间和金钱投入合适的岗位上比事后摆平无谓的妥协更有意义。这些妥协会产生副作用，比如打击士气或是形成糟糕的部门氛围。

★以发挥优势为导向的领导方针可以吸引优秀的员工

以优势为导向的领导方法是由盖洛普研究所（Gallup Institut）制定的；[①]此外，领导艺术专家亚历山大·格罗斯（Alexander Groth）在他的著作《以优势为导向的领导方法》中也给出了很好的概述。[②]这种优势可以被理解为天赋以及认知和能力在特定领域的结合。例如，那些能够将项目落实或成功解决冲突的人，则拥有相应的知觉、思维和行为模式（天赋），知识（知识）和相关的实际经验（能力）。因此，那些“执行者”会马上

① 资料来源：Marcus Buckingham/Donald O. Clifton，Entdecken Sie Ihre Stärken jetzt！Das Gallup-Prinzip für individuelle Entwicklung und erfolgreiche Führung. Frankfurt：Campus，3. Aufl. 2007。

② 资料来源：Alexander Groth，30 Minuten Stärkenorientiertes Führen. Offenbach：GABAL，4. Aufl. 2012。

明白，在一个项目中哪些东西会在何时以怎样的顺序继续发展。同时，那些冲突协调人应时刻注意着氛围的变化，他们知道冲突是如何产生的，并学会和做到如何去化解它们。

★会问的人会领导

当然，每个人都有很多的强项，大多数工作都要求强项与强项的结合。想要挖掘自己以及下属的强项，可以从这些问题入手：

- 什么对你来说比较容易？
- 你在什么地方可以不费太大的力气而获得很好的成效？
- 什么事情你会高兴去做？
- 你最大的成就是什么，什么因素使你获得这些成就？
- 做哪些事情可令你废寝忘食？
- 哪些工作可以激励你？
- 做哪些事情可以增强你的动力？①

那些直接同客户接触的员工在此应该自然而然地说出那些与提供信息、帮助、支持、建议和解决客户问题有关的工作责任。那些从分析或组织活动中能够汲取能量和满足感的人，则可能比较适合在后勤办公室中工作。

那些除此之外还养成了细心观察员工的习惯，并定期反思这些观察的人，在这方面则迈出了更大的一步。当需要安抚那些“难以打交道”的客户时，同事们常常会去求助谁？当开发新的服务理念的时候，谁会自告奋勇地去挑起担子？谁会令你对他那些工作之外，但又对

① 进一步的建议可在上一条注释里提到的书中自第 44 页起找到。

日常工作有用的知识及经验感到意外？给员工一份与自己长处相匹配的工作，会带来惊人的效果。

★关键问题："你会什么？"

举个例子：2002 年，Media-Saturn 控股集团主管人事的前董事乌多·克洛伊森（Utho Creusen）在公司内以"优势发现"的理念开展工作。克洛伊森把它称为"人事发展中的革命"。"我们不去规定一名员工必须会什么，而是去问：你会什么？什么给你带来快乐和成就？"新岗位以及有目的性地支持个人爱好带来的结果便是"优势爆炸"——企业也在 4 年内将销售额提高了 46%。[①]

对员工长处的关注也如此这般有效，因为它带来了公司氛围的变化——一种欣赏他人成就，而不是注重个人弱点的氛围。当然，没有人能够花一整天的时间做他擅长的事情，每项工作中都有你喜欢的，或是不太喜欢的部分。那么，如果能够系统性地把带来快乐的工作的比例提高，将会怎样呢？

把生活动机作为个人的驱动

★Reiss Profile®：将生活动机作为驱动

有许多的模型和测试方法可以解密一个人的个性。除了以优势为导向去领导管理这个概念外，以生活动机为驱动（Reiss-Profil der Lebensmotive）也会使企业在日常应用中受益颇多。该模型从根本上认为，每个人的价值观是其行为的驱动所在。模型的创始人及心理学家史蒂芬·莱斯（Steven Reiss）如是说："我们看中我们需要的东西，同时我们也需要我们看中的东西。"[②]所以，该模型里经常说到的"生活动机"是指，任何能按照自己动机做事的

---

① 资料来源：Michaela Schiessl，Heule nicht，handle!；in：Spiegel Wissen 1/2009（Mein Ich），S. 106 ff.，hier S. 111。

② 资料来源：www. reissprofile. eu > Steven Reiss。

人，都能时刻准备着发挥自己的能力，并沉浸在深度的喜悦之中。这也是莱斯所谓的“以价值观为取向的幸福感”。[①]经过广泛地调查，Reiss-Profil 归纳出 16 种生活动机，而莱斯的概括也是基于这 16 种生活动机。科隆生活动机研究所对这 16 种动机通过一份自我评估表进行了简短地定义，并给出了一份直观的概览（见图 2.1）。[②]

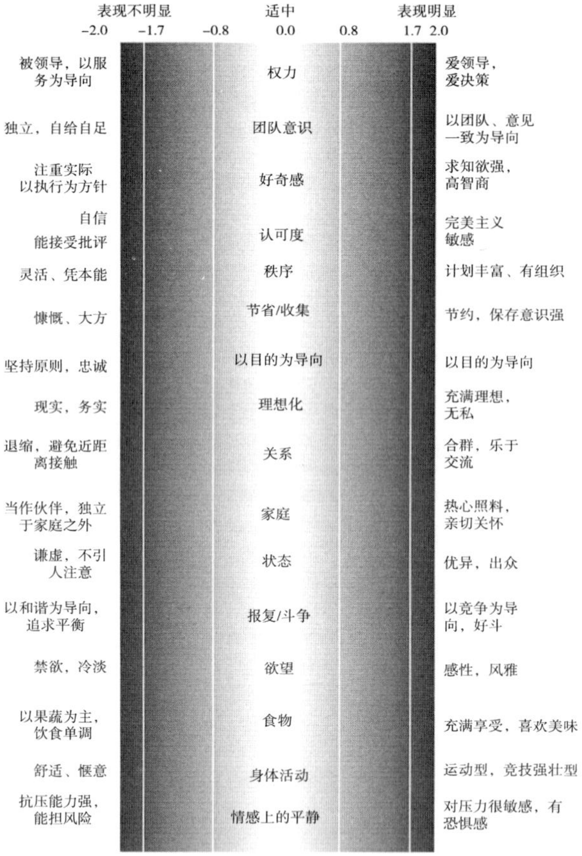

图 2.1　16 项生活动机的自评

① 资料来源：www. reissprofile. eu > Gespräch mit Steven Reiss。

② 感谢生活动机研究所对书中图例使用所给予的支持（www. institut-fuer-Lebensmotive. de）。

★在工作中也要遵循生活动机

非常强或者非常弱的动机反映出哪些东西对于这个人的生活是重要的。那些不关心权力和地位的人，他们在领导位置上往往不会像那些注重权力和地位的人来得强势。那些比较看重交际的人，相较于财务部门，更容易适应那种与很多人打交道的工作。

在“情绪休憩”以及“认可”上存在着或高或低的要求，直接反映出一个人心理的稳定性以及抗压能力。有意思的是那些左右摆动（$> +0.8$ 和 < -0.8），这些摆动表明，你可以通过满足哪些需求而使员工感到舒适，并让他持续产生优秀的绩效。从长远来看，他会有良好的工作表现，因为：“那些长期违背自己生活动机和需求的人会始终处于压力之下。”马库斯·布兰德说。

如果要让合适的人出现在合适的岗位上，那么 Reiss Profile® 是一款非常带有启发性的应用工具。相关个人信息是由受过培训的 Reiss Profile® 大师通过一份学术上开发的问卷收集的，并在之后和员工一起详细地进行讨论。这些资料的调取同时满足了两个目的：一来，它更加突出了每个人自身的需要及优势；二来，它同时也触及他人的需要并借此促成相互间的宽容以及合作的意愿。

★实践中的 Reiss Profile®

Qnigge® 公司和大西洋酒店集团共同完成的一个全面的质量管理项目便是对此的一个非常好的证明。当时，这家酒店集团并购了其他 3 处酒店，这使得它的员工人数一下翻了一番。为了整合新加盟的酒店并促进共同的领导理念，大西洋酒店集团引进了 Reiss Profile® 。酒店的领导团队发起了专门的项目，并对每个团队成员的特点进行了讨论。以下是项目总结时来自一些与会者的声音。

- 哪怕其他人（同事/员工）按照自己的动机行事，我们也可以（通过练习以及对于实质性的内容的观察）发现（并学习），从而根据他们的动机开展领导工作。
- 我可以和我的伙伴更好地交流，因为我知道哪些地方是“不可触碰的禁区”。
- 有趣的是，我们发现，为什么一些人可以和某些群体更好地相处，正是因为他们都有相似的生活动机。
- 如果顶头上司的各方面和自己都比较类似，那么我们就感觉自己能够更好地被理解而且日常的工作能够更有序地进行。[①]

团队：物以类聚，人以群分？

★管理层的意见统一是有好处的

前文中管理层的最后一条想法给我们提出了一个非常重要的问题：一个理想的团队应该是怎样的，一个意见统一的团队会更成功，还是应该将不同个性且能够互补的成员糅合在一块儿？这个问题一下子很难回答。我们的经验显示：如果公司的管理层在根本问题上，诸如如何达到目标及管理企业意见统一，那么对于企业来说是很有裨益的。在此，大西洋酒店集团就是一个很好的例子。

★在开高层会议时注意与管理相关的动机

图 2.2 显示了一个 8 人领导团队中的动机范围，该结果相对而言还是比较均衡的。权力在此占有支配地位，并配以较强的团队定位以及远大的目标与方向。因

① 资料来源：Mehr hierzu siehe Markus F. Weidner，Der Einsatz des Reiss Profiles beim Aufbau eines internen Qualitätsmanagements am Beispiel einer Hotelkette，in：Markus Brand/Frauke K. Ion（Hrsg.），Die 16 Lebensmotive in der Praxis. Offenbach：GABAL Verlag 2011，S. 308 ff.，hier：S. 323 ff。

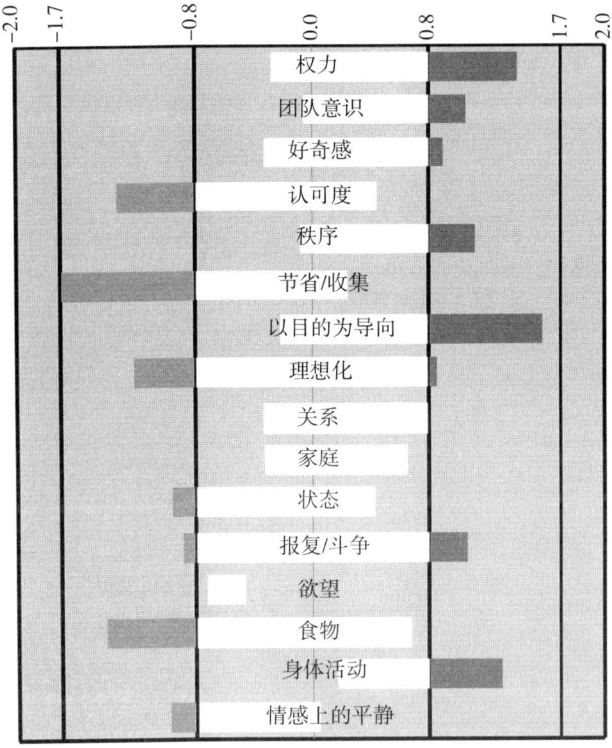

图 2.2　一个 8 人领导团队所形成的动机范围

此，我们在这里面对的是一个雄心勃勃的领导团队，他们以目标为导向并有目的性地将事情向前推进。如此便可更容易地发展出和谐的企业文化，以可靠的方式体现出员工的共同价值观。所以，我们建议，在招聘的时候，注意新招收人员有关领导动机的属性要能够匹配其他领导层面的同事。在实践中，往往会发生意料之外的情况，因为首先考虑的是一个人的资质背景。图 2.3 是一家中型贸易公司的管理团队的动机概览，其正在经历一场困难的内部变革。

乍一看，大家都能体会到，管理层为了拧成一股绳做了很大的努力。另外，一家公司当然不仅需要拥有明

★有哪些团队角色？

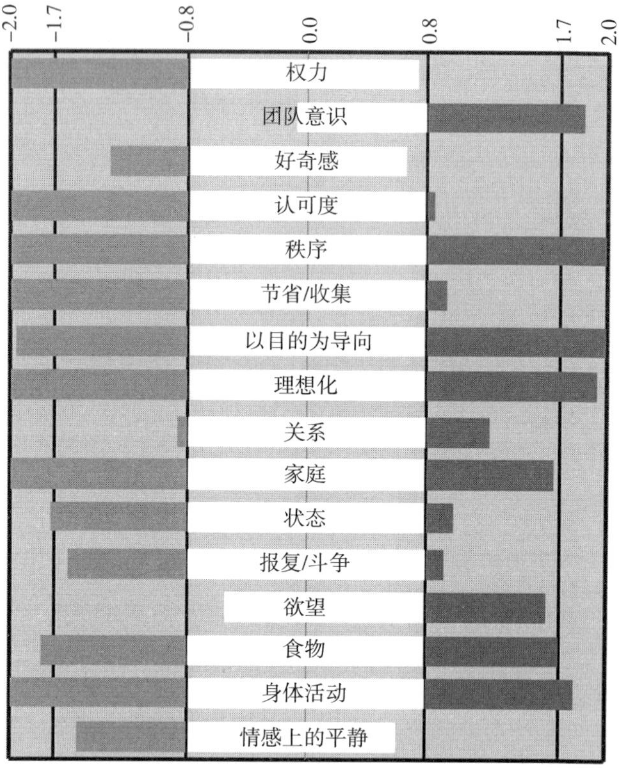

图 2.3　一家中型企业领导团队所形成的动机范围

确目标的高管，也需要有懂得分析数据的人、善于交际的公关人才或富有想象力的创新者，即让具有不同优势的人相互补充。任何想要对之前谈到的优势话题看得更深的人，可以参考梅瑞狄斯·贝尔宾（Meredith Belbin）的团队理论。这位英国心理学家开发了一个总共有 9 个角色的团队，并做了如下区分：

- 以行动为导向的“执行者”；
- 善于融合的“协调人”；
- 爱提要求且外向的“决策者”；
- 有创造力的“发明家”；

- 乐于交流且积极主动的“扳道工”；
- 深思熟虑并善于分析的“观察者”；
- 善于感同身受并注重和谐的“团队成员”；
- 认真仔细的“完美主义者”；
- 以专业为导向的“专家”。[①]

如果你环视一下你的部门，这些人也许会进入你的视线。你会相信有些人能够做好项目的领导工作，有些人会提出很好的、新的建议，或是有些人因为他较真的个性而饱受非议。一个团队若完全由“决策者”组成，或许会在权力斗争上折腾不休；而完全由“发明家”组成，虽然会得到很多建议，但在执行时将一无所成。合适的搭配才能创造成功。这 9 种角色当然只是理论上的——一个真实的人往往集中着不同的角色属性。

★每一个员工身上都集中着不同的属性

综上所述，在管理团队的组成方面，建议企业注意管理层之间的交集，如反其道而行之，则会伤害公司的那些可信的企业文化和领导文化。此外，公司根据员工的优势来安排合适的岗位则可以让企业从经济利益和工作氛围上获益匪浅。在此，多样性仍旧存在，因为日常工作中不同的任务和挑战需要通过相应的天赋和才能来解决。

★管理团队中的交集尤为重要

从根本上来说，认识员工的长处，获取并指出他们的个人动机是有意义的。这样就可以对工作进行合理的分配，对“其他方式”给予多一些宽容和理解，把那些

---

① 资料来源：R. Meredith Belbin，Management Teams. Why They Succeed or Fail. Butterworth-Heinemann 2003. Im englischen Original heißen die Rollen Implementer/Company Worker，Co-ordinator/Chairman，Shaper，Plant，Resource Investigator，Monitor-Evaluator，Teamworker，Completer/Finisher und Specialist。

不同仅作为不同而不是错误来对待。这里可以用到的工具就是前文所提到的，那些基于优势的领导模型——Reiss Profile® 和贝尔宾团队模型。

雇用并培训员工

★人才市场的意义

“当下只着眼于客户市场是不够的，人才市场中亦有许多精彩之处。竞争的优劣最终取决于人才市场而非客户市场。”企业家及演说家克劳斯·科布耀（Klaus Kobjoll）曾这样提及他的成功秘诀。[①]那些想要确保服务质量的人，必须雇用责任心强的员工，但是这些人并不容易找到，参见“专业人才缺失”。鉴于“人才战争”或者说“Y世代”日益增加的需求——那些追逐意义并喜欢在大城市而不是在乡下成就自己视野的群体[②]，系统性的人事工作将会成为企业中的关键职能。

凭感觉或是希冀原则？

★不要低估了一个新员工的成本

你可以这么想象一下，你在公司里负责一台200 000欧元的机器采购。考虑到这个数目，你很可能非常小心地去车间，详细了解情况、向同事咨询、反复斟酌报价、请专家把关，甚至创建一份投资精算报告。很可能你睡得比平常还不踏实。

想象一下如果你的部门把一位令人信服的员工辞退了，你会做何反应？归根到底，这里关系到一笔相类似

① 资料来源：Roger Rankel，Sales Secrets. Wiesbaden：Gabler 2008，S. 208。
② 资料来源：Anders Parment，Die Generation Y-Mitarbeiter der Zukunft. Wiesbaden：Gabler 2009。

数目的投资。就算这个员工的年薪远远低于200 000欧元，但是此处的成本汇集了招聘启事、筛选流程、上岗培训，或许还得加上中介公司。再加上那些间接成本，比如工作关系在试用期就被解除、因为没有专人关照而失去客户，接踵而来的便是丢掉了订单。对于领导岗位的成员来说，甚至可能造成其手下的其他员工的辞职。这些总数很快就会累计为数倍于该员工的年薪，只不过这些没有白纸黑字地写在一张账单上而已。

★如何选拔人才？

许多企业在采购生产物资的时候尤为谨慎，在经济不景气的时候往往还会对开会时吃的巧克力饼干做出一番讨价还价，而在最坏的情况下竟会使用随机原则来录用员工：“迈耶女士，我们最近不是收到了一份自荐简历吗？能不能把它找出来？”下面的这些选拔以及培训方式是非常有问题的且并不少见。

相似性原则

★最受欢迎的选拔标准

上级领导愿意选择和他处世风格相类似的人，这种选择往往都来自潜意识。“好感就是被认同的相似性。”心理学家如是说。主观的意志会不可避免地流入人才选拔的进程中。但是，有时候某个职位却需要有不同于上级领导已拥有的优势的人才加入。

凭感觉

放弃系统性的选拔工具（比如面试、心理测试），一切全凭自己的感觉而来，没有可比较的谈话结果。

折中型候选人

有时根据“有啥吃啥，没的挑”的原则，公司会录用一些并不是非常令人信服的员工，或者那些不管合适与否，由于内部因素而取得职位的人。

毫无准备地被晾在一旁

"哦，你已经来了啊?"该新员工的入职培训准备得非常不到位，没有人专心问过这件事。新员工必须自己去适应新环境，自然而然就会感到失望。

希冀原则

"到时会行的!"即使新员工在试用期时就已出现了磕磕绊绊，只要还有一丝希望，就会为顾忌后果而不去辞退他。原因可能是领导者不愿意承认他自己的误判，或是不想去为了寻找新的人选而多费力气。

缓慢雇用，快速解聘

★如何组织流程

请将录用流程从随机及凭感觉的原则中解放出来，并以经过清晰定义有组织的流程来取代。虽然这些都得花时间，但终究（哪怕从金钱角度去考虑）还是值得的。表 2. 1 会进一步阐述其具体的意义。当然，这些要素也必须和企业的实际情况相匹配。

表 2. 1　员工录用流程概览

职位要求	员工必须具备哪些素质?（优势、人格特征、经验、知识） 谁来定义/审核/补充这些要求?
职位描述	有没有职位描述? 职位描述是不是最新的版本? 是否已详细阐述了必要以及可能需要的标准?

续表

招聘启事	该职位何时可上岗？ 该职位在何处发布？（报刊/网络，内部/外部） 所包含的条件是否在内部已经有所定义？（例如：薪资/福利，固定或非固定合同）
其他的招聘可能性	可以通过哪些其他的路径去补充这个岗位？（展会、自荐简历、推荐）
简历审核	谁以及到何时为止来确认简历收到与否？ 谁以及到何时为止来完成初选？ 初选依照什么标准来进行？（书面定义标准目录） 谁以及到何时为止向不符合标准的应聘者发出拒绝录用信？
第一次面试	公司方面派谁来参加？ 会问哪些问题？（经过组织提炼的一般常识性问题以及与企业有关的专业问题） 谁来做记录？ 预选如何展开？
其他的选拔工具	可以采用哪些其他的选拔工具？（心理测试、Reiss Profile®、评鉴中心、试工日、处理案例或者其他与工作相关的任务）
第二次面试	有哪些人参加？ 都有哪些问题？ 谁来做记录？ 如何达成最终的选择？
劳动合同	谁来制定合同？ 谁以及在何时之前将合同寄出？ 谁在录取人签完合同后去回绝其他的应聘者？
在上岗之前	办公位置是否已布置妥当？ 导师是否已经指定？ 有无入职培训计划？ 谁来创建/更新入职培训计划？
入职第一天	谁去迎接新员工？ 谁来向其他人介绍新员工？ 有没有欢迎辞？ 第一天的内容流程如何安排？

续表

试用期	入职培训计划是否有效？ 多久开一次反馈交流会？ 谁来主持这些会议？ 遇到问题怎么解决？
试用期内的合同解除	最晚什么时候可以解除合同？ 谁来开口解除合同？ 原因为何？（原因分析） 解约的信息如何传递？ 通过谁来传递？
正式入职	谁来通知转正信息？ 有哪些进一步的关联措施？（例如：提高薪酬、给予更多的任务）

■ 系统性的员工选拔（概览）

★交互式的招聘流程

以上的概览清晰地点明了招聘的复杂性。把这些过程从头到尾想一遍并做好记录便是质量管理的核心部分（更多请见下一章“第三步：定义并管理工作标准及流程”）。如果有谁惧怕明确的定义或是担心形式主义，那么他也同时会承担搁置、失误以及即兴管理的风险，而且他并没有意识到，在当今缺乏管理人员的情况下，不只是人才寻找企业，而企业也同样在寻找人才。像在 www. kununu. com 这样的网站上，应聘者可以了解自己潜在雇主的一些信息（你可以去看看，这个网站上是否已经有了对于你们企业的评价）。不只是如何对待新员工，企业的一些其他不足也会通过“小道消息”或是社交网络传播开来。优秀的人才一般总有许多其他选择，而为了保证优异的服务质量，你需要优秀的人才。

★那如果不合适呢？尽快分手

这一部分的标题中提到了“缓慢雇用，快速解聘”。如果一名员工不能满足他在选拔过程中做出的承诺，请不要迟疑，在试用期就解除和他的工作关系。不要希望情况会变好，大部分情况下不会变好，特别是当人的性格特点成为问题的原因时。一般来说情况会变得更糟，比如团队中弥漫着不满的气氛，一些同事必须去弥补另外一些同事的失误；也可能整体的标准会往下降，因为新来的那位即使做得不到位也能获得通过。所以大家经常说“一粒老鼠屎，坏了一锅汤”并不是没有道理的。

领导质量及服务质量

“领导”作为一个课题，包含着许多方面的内容，有关领导风格、领导个性、领导失误、领导才能或者领导魅力的书籍可以装满一个图书馆。然而，什么是“领导素质”呢?

员工需要什么

★质量优秀的领导者应该做到什么?

如果我们把“质量”总体定义为满足或超出某一群体的期望与要求，那么“领导质量”也可以简洁明了地定义为：领导者满足或是超出员工对于他的期望。这里不是说每个人可以完全依照自己的喜好提要求，而是强调了一些能够促进有效工作的基本点。知名的盖洛普咨询公司把员工对于一个“强大且卓有成效的工作环境”的期望用标准固定了下来。很可惜，这些问题不如盖洛普多年来苦心经营并占据头条的敬业指数更著名，因为每一次的调查都得出了员工士气非常低落的结论。[①]按照盖洛普的经验，如果一家企业中大部分的员工对于如下的问题给予肯定的回答，那么这家企业的工作效率是处于中上水平的。

---

① 2012 年的结果可通过 www. gallup. com/strategicconsulting/160904/praesentation-gallup-engagementindex2012. aspx 下载。

(1) 我知道公司对我在这个岗位上有何期待吗?

(2) 我有没有用好该份工作的资源及工具?

(3) 我每天能否有机会把自己最大的能力在这份工作中发挥出来?

(4) 我在过去的7天内有没有因为良好的工作表现而获得肯定或者表扬?

(5) 我的上司或者其他人是否关心我能否适应这份工作?

(6) 在工作中有没有人对我的发展进行支持及提携?①

★基本要素必须匹配

顶头上司是这6个要点的关键人物。他是那个分配工作，提供必要工装，按照员工能力招聘并赋予其合适任务，支持鼓励并表扬成绩的人。这里讲的是一些基本的东西，不是在人事提拔中的那些复杂的工具手段。这些问题不是源于未经认证的盖洛普理念，而是一项对于业务成就和员工满意度间关系的长期调查所得出的结果。

从根本上来说“领导素质”可以这么简单的解释：员工希望实实在在地被“领导”。在日常生活中具体体现为：

★什么是“领导”

- 领导者是能够见到并能够对话的（并非随叫随到，但是要有规律和计划）；
- 更高一级的目标必须清晰明确（每个员工知道并理解企业的发展方向在哪里）；

① 资料来源：Marcus Buckingham/Curt Coffman，Erfolgreiche Führung gegen alle Regeln.（Konsequenzen aus der weltweit größten Langzeitstudiedes Gallup-Institutes）Frankfurt：Campus Verlag 2001，S. 28。

- 一起制定个人目标（每个人都知道为实现大目标应该如何出力）；
- 有清晰的战略及流程（每个人都知道工作是如何规范的，每个人都有机会以正确的方式去做正确的事情）；
- 给员工准备好所需的工作用品、工具以及信息；
- 领导者应对有不同能力及不同动力的员工进行匹配（因地制宜地领导）；
- 经过成熟考虑并有目的性地分配任务（作为发展提升员工的工具）；
- 给员工提供工作方法上以及工作组织排序上的支持（以避免员工迷失方向或对他们提出过高的要求）；
- 一种积极正确的犯错文化（在企业内部可以对发生的错误进行交流，员工可以不必惧怕犯错）；
- 定期对于个人绩效以及已解决问题的质量进行反馈（不要一味批评，需结合表扬；不要在每年年终搞总结性评述，而是尽量给予时效性的反馈）；
- 营造相互尊重的氛围。

总而言之，哪怕正处于经济动荡的环境中，员工也希望看到明确性及可捉摸性。这两点是他们给予管理层信任的基础，听起来非常简单，在公司的日常工作中却往往会产生不一样的效应。下面举一些例子。

★明确性＋可捉摸性＝信任

- “如果你要找我，那就必须打电话给我，电子邮件我是不看的。”在员工和同事对过去几个星期中反馈不及时的问题进行抱怨后，一位新上任的部门经理如此说。一个明确的说法当然不是坏事，然而，考虑到繁多的记忆以及其他的各种讨论，让人不得不怀疑，通过电话是否能够及时地找到他。

- “我们必须谈谈那个项目。10 分钟后到我办公室来！顺便把你的同事豪斯曼和伯格一起叫来。”没有经过充分准备而随意召集的会议往往会把那些临时通知而来的员工的工作打乱，并带来需反复校正且不成熟的结果。但这种事情在许多部门中都没少发生过。
- “各位员工，即日起废除每月报表，请在公司内网中维护每周数据。”一个星期以后，“各位员工，请将每月报表按照附件中的表格完成，并把报告发送给迈耶女士。”两天之后，“各位员工，从下个月开始瓦根赛德先生会负责总结月报表。”数月来这个新的管理团队不断在实验这种呼来唤去的方式。员工在此期间已经习惯了在严肃对待并落实决策之前至少先等上 14 天。

★细节是关键

半生不熟的决策、突如其来的会议、不清晰的信息渠道，这些都会产生消极效应，打击士气。上文的那些案例都来自知名公司，且都首先说明了一点：领导质量的不足。约 2 500 年前，中国的哲学家老子就曾说过：“天下大事，必作于细。”那些通过糟糕的管理质量使其员工生活陷入困难的人，亦将在熊熊燃烧的愿景中被其所种下的打击士气的苦果所焚毁。

★优质的服务是由上而下产生的

我们必须承认，在领导管理中拥有干净利落的过程和清晰的系统并不足以解决所有的管理需求。管理的日常具有非凡的复杂性，经常需要在信息不完善和时间高压下采取行动。但如果标准过程在经过组织后，缩小了错误发生的范围，那么管理人员就可以获得更多的自由去解决那些难以形容的问题。优秀的领导质量说白了就是领导者给员工提供“优质的服务”。如果能够达成这样的服务质量，那么在给客户的服务中达到高层次质量的机会也会增加。

Qnigge® 原则下的一些领导建议

根据前文所述的种种，我们可以引申出一些对于开展日常领导工作的一些简单的建议。

★给优秀领导者的工作提示

1. 领导是需要花时间的，请安排出这些时间

请不要将你一天的时间全部安排在日常事务上，要给员工谈话、反馈、指派等这些典型的领导工作留出足够的时间。不要把领导视为打断了你的本职工作——其实领导才是你的本职工作！

2. 明确地指出你需要什么，何时通过何种方式去完成

传递信息最好是通过邮件还是人对人传播？详细一些还是只给个概览？即时反馈还是收集后等待例会？请让你的员工能够摸清你，不仅仅限于上面这些问题。

3. 让员工能够找到你

晨会、每周例会、14 天一次的部门碰头会……请建立起可靠的日常规划。

4. 重视那些你必须通过支持他们来实现目标的人

每当一项成就得到证明的时候，请表扬他们，注意不是那种一次性和机械式的，而是有目的并针对个人的。请营造一种赞赏价值的氛围。

5. 鼓励你的员工

为了可以评估他们的长处和技能，你需要仔细地观察你的员工。请交给员工相应的任务，让他们去进一步地深造，这样他们就能够继续拓展他们的优势。你所组织的研讨会不应该是完全带有目的性的（“你就给我到汉堡来一次吧”）或者是带有惩罚性的（“你必须在自己承受批评的能力上下功夫!”）。

6. 承认自己的错误

没有人是完美的！以身作则，你可以建立一种带有积极意义的犯错文化，坦然地去面对自己的失误!

7. 你必须承认每个人是不同的，每个人有不一样的需求并希望得到不一样的对待

不要把所有的员工都一刀切，要避免用你自己的特点和方法来衡量所有的事情。

要点一览——团队

- 服务质量决胜于“终点”，也就是说，你的员工如何对待你的客户。
- 人与人之间的契合度比资质能力更加重要。知识是可以后天教授的，而尝试去“教育”你的员工却会以失败告终。
- 找那些能对客户和你有正确态度的人。
- 注意并提拔员工的优势，而不是聚焦在他们的弱点上。

- 请不要只相信自己的感觉，在选拔培养员工的时候请应用专业的工具（比如："优势发现"、Reiss Profile®、贝尔宾的团队理论）。
- "缓慢雇用，快速解聘"：最好把你的时间多用在认真选拔员工上而不是努力去减少招错人带来的损失。如果一名员工没有达到岗位要求，请尽快解除劳动关系。
- 如果在管理团队中分享基本的价值原则，将更容易形成企业文化。如果有不同的价值观存在，那应当让大家都知悉，如此才能建设性地处理价值观问题。
- 在员工对于价值观有相同认识的基础上，才能让他们的各种优点和才干发挥更大的用处。
- 领导质量意味着能够使员工更好地工作。对于领导质量来说，一些基本要素诸如明确的信息、明确的工作交接以及晋升机制是至关重要的。
- 领导质量是给员工提供的一项优质的服务，而给员工提供优质的服务是给客户提供优质服务的前提。

—访谈—

找到有正确生活动机的人

> 对话马库斯·布兰德

为什么生活动机同职场的成功息息相关？

马库斯·布兰德：只有当个人的需求和工作相匹配的时

候，我们才能获得职场中的成功。所以，我们对于择业的建议就是先认识自我并且问自己：“什么才是适合我的？”而现实中，人们的抉择往往是相反的，他们跟随着已有的职业，然后问自己：“我如何才能达到目标？”也许在一定时间内，这种做法是有效的。但那些长期违背自己生活动机和需求的人会始终处于压力之下，而那些与他们的生活动机相协调的人将会从工作中获得力量、满足和意义。成功不是某一种个性结构所组成的结果。每个人都可能获得成功，但不是在任何情况下。所以不是每位领导者都是岗位专家，或者说每个岗位专家都具备出色的领导能力。

哪些动机对以客户为导向的行为以及卓越的服务起到促进作用？哪些起到阻碍作用？

马库斯·布兰德：即使许多管理人员极想知道答案，但根本没有所谓的达到最佳服务的理想配置。起决定作用的是，人本身要能够匹配服务和产品。一家保险公司委托我们去找出那种可以在保险销售中取得最好成绩的员工。一般来说，人们马上就会想到那些胆大而且不在意压力的人，这些人不在乎一扇门是否会当着他的面“砰”的一声关上。事实上，这家公司到目前为止，在集中面试的时候确实使用了这种选择标准。而当我们采访这家公司的一些王牌销售后，看到的却是另一番景象：这些销售人员的抗压能力根本不强，反而战战兢兢。再一想，确实有其合理性：什么都不怕的人没有对于保险的需求。他们不怕入室盗窃、抢劫或是死亡。那些胆小的员工反而觉得保险对自己很重要，因为生活中可能会发生很多事情，所以他们更能够对于产品现身说法。因此，让情感去接近服务或产品是重要的。那些不爱标榜自己的人能够卖出一辆保时捷吗？那些不喜欢吃喝的品酒师或是厨师又如何能够取信于他人？

那么作为领导者该如何发现我的员工有哪些动机？（在不针对个例使用 Reiss Profile® 的情况下）

马库斯·布兰德：第一步也是最重要的一步就是，对他人感兴趣并尊重不同。很多有如下动机的人就可以被排除在外了："你和我不同，所以你是不对的。"除此之外，你也可以问你的员工："什么对你来说很重要？"如果你不想那么直接，也可以这样询问："你靠什么来打发时间？工作中有哪些东西对你来说是比较轻松或者比较为难的？"你也可以通过对行为的观察发现许多东西。比如，一位员工比较喜欢独处还是和其他人在一块儿，他喜欢自己拿主意还是把别人也拉进来。为此你不需要在大学里进修过心理学，有经验的人会帮助你优化整个流程。也正是由于这个原因，越来越多的企业会去找培训师，这些人会运用诸如 Reiss Profile® 的个性分析工具快速并持久地优化结果。

作为领导者，自己本身应该具备什么素质？

马库斯·布兰德：如前所述，身为领导者，如能够饶有兴趣地对待异同，而不是一概抵触，是很有好处的。这样在企业内就会产生新鲜事物，产生创新。如果每个人都一样而且想法也都相同，企业就会举步维艰。成功领导者的身上都会有一些大家在成功企业家那里可以看到的东西：勇于承担风险、能承受压力、有雄心。你可以参考廉价航空公司，它们让那些老牌的竞争对手颤抖，它们背后作支撑的是那种要比别人更强的坚定信念。

以您的经验来看，在新员工的招聘中最容易犯下哪些错误？

马库斯·布兰德：我经常看到的是一种所谓的“自恋情结”。一些领导者所策划、组织的团队是他们自身特点的拷贝。得到的结果是一个均匀却带有暗疮的团队。如果所有人都自以为是而不去听取其他人的意见，最终受伤的是对客户的服务。就像有句话所说的：“客户是国王，而我是皇帝。”有些人一份工作干久了，就经常认为自己可以凭直觉去判断哪些人适合这份工作，而不去理会像动机分析这种有着扎实学术基础的工具。比如有一位 60 岁的保险公司区域经理对我这么说：“布兰德先生，我在这行已经干了 30 年了，我很清楚外面哪些人是成功的！”但我们的分析就恰恰通过这个例子证明了，人有时要思考得更深一些，保险最好是卖给那些比较谨慎的人而不是乐于承担风险的人。

您对企业的招聘事宜，特别是从服务质量的角度来看有何建议？

马库斯·布兰德：我建议，时常去改变思路和方向。一般来说，企业会针对某一个职位发出这样的疑问：“谁适合这个岗位？”但是我们也可以这样问：

“谁对于我们来说是有吸引力的并且适合我们的产品？而我们又能给予这些人哪些适合他们需求的工作？”

这对建材市场或者酒店来说也有效吗？

马库斯·布兰德：为什么无效？你可以想象有这么一个例子，一家建材市场的烧烤用品部门是由一位烧烤发烧友自发建立的。企业要经常问自己：“我的员工都有哪些潜力？哪些服务可以通过这些潜力激发出来？”

近期有哪些服务体验给您留下了深刻的印象？

马库斯·布兰德：一家饭店给我留下了非常好的印象，因为我在那儿马上就觉得被当作客人真诚地对待。第二次去的时候他们就已知道我姓甚名谁了。他们记录下我的个人喜好，比如我喜欢喝鱼汤。此外，一位邮递员也给我留下了很好的印象。有一次，他在街上认出我，对我闪了一下灯。由于之前我不在家，他现在正好可以把包裹给我，这样我就不必特地去邮局跑一趟了。就像这样，我觉得也是非常个性、亲切的服务。

图 2.4　马库斯·布兰德

马库斯·布兰德是心理学硕士、管理培训师。2006 年，他和弗劳克·伊恩一起成立了生活动机研究所。该研究所以 Reiss Profiles® 为基础，给管理者及团队开发提供现代化的、以动机为导向的培训、辅导以及咨询服务。如今，布兰德已经是德国最有经验的 Reiss Profile® 培训师之一，并负责培训其他 Reiss Profile® 应用大师以及导师。

第三步
定义并管理工作标准及流程

人类的这种爱好——把小事看得很重要，推动了很多大事的前进。

——奥尔格·克里斯托弗·利希滕贝格
（1742—1799，物理学家、作家）

— 案例 —

- 我公司的那部宝马车的租赁合同快要到期了。在到期前的6个月，为了了解新一代车型，我在一个星期六的上午，着便装走访了本地的车行。当3位无所事事的销售人员把我晾在一旁10分钟后，我开口对其中一位说："我对延长租赁合同感兴趣，特别是对宝马X3，你有介绍手册吗?""还没有。""什么时候会有?""我不知道。""那你可以之后寄给我吗?""不行，我们一般不这么做。"我非常生气，便没有再继续租赁其他的宝马车。在我把车还掉半年之后，我接到了服务中心打来的电话：我之前租过一辆宝马车，现在不租了，那么我如今是否还会考虑租一辆宝马车呢？我利用这个机会把我的故事讲述了一遍。电话另一头的那位女士分享着我的愤怒并非常努力地做着记录。但从那之后我就再也没有听到什么动静了。那这样的服务到底还称得上好吗？对于一个雄心勃勃的品牌来说，这样的服务是绝对不够的！

- 还有一个体验。在黑森州中部的小城市里有一位以认真著称的屋顶工人，顾客们都说："这家伙挺好。"很遗憾的是，这家店已经好几天联系不上人了，没有人接电话。最终在我尝试第三次的时候，语音信箱被接通了，请他回个电话还要再等上好几天，发的邮件也没有回复。当这个屋顶工人在接近周末联系我的时候，我已经委托了其他人。"好"是远远不够的！
- 一家大城市的医院专攻肠胃学，在治疗肠胃病方面有很好的声誉。但在一次交接班后，一位刚动过手术的病人突然惊讶地发现，一道加入洋葱的菜肴被端上了他的桌子。直到找人问过后，他的餐盘才急急忙忙地被换成保护性饮食。或许这家医院的医疗技术的确很好，但"好"是远远不够的！

★为什么流程和标准很重要？

谈及"工作标准及流程"——很抱歉，如果我直说的话，真的很不够"性感"，这听起来就显得斤斤计较并十分官僚主义。在标准及流程的背后隐藏着日常工作中大大小小的烦恼及不快。开篇的3个案例问题都出在节点上（比如医院中的交接班或者宝马服务中心的反馈）、在交流过程中（比如屋顶工人）或是在咨询中没有起到作用的企业流程。当客户需要了解信息的时候，我们应当有何举措？

约尔格·希夫曼（Jörg Schiffmann）在本章末的访谈中将表明标准和流程也可以变得非常"性感"。在一些酷炫品牌如 Abercrombie & Fitch（纺织品贸易/青年时装）或是 TGI Friday（系统餐饮）的服务理念背后，有着经过细致入微地编排后的过程，以及如玻璃一般透明的预设指标。

世界会越来越复杂，这本是件很正常的事情，但这又具体意味着什么呢？中世纪的时候客户会自己到处去寻找钉马掌的铁匠，他们把自己的马带去，钉上马掌，这样交易就完成了。那时没有电话，也没有人会不接电话，没有沟通不畅的交接班，也没有无法投递的产品手册。流程都很简单，流程的步骤也能一眼看清。而现在连一个书报亭都要能够掌控管理众多的流程，就更别提那些全球化的汽车制造商了。

★多样性对于当下的业务运作来说意味着什么？

只有天真的人才会相信所有这些会像中世纪铁匠模式或是随叫随到的个体户那样自行规范。希望一位充满远见的领导者去激励员工，让他们看到必要性并通过自身的主观能动性去解决问题，也是很天真的。想要把事情按照自己的想法去做成的人，需要清晰的标准和流程。这些必须以书面的形式确定下来，以便让所有人都能接触到，从而在减轻培训和交接负担的同时，减少错误和故障。这是那个备受诟病的质量管理的基本理念。

任何从这个根本点衍生开的人，都会陷入进退两难的境地。我们并不缺乏大量的质量管理手册，很多读者能够完全领略烦琐的专业术语。我们也不缺乏一般性的参考信息，最终我们要将流程带入正轨。我们缺乏的是那种简洁易懂的表述，来说明这些具体是怎么一回事。本章就准备尝试这一点，所以接下来需要对一些术语进行解释。

★必须简明扼要

到底什么是“工作标准”和“流程”？

★没有满足标准？客户不答应！

你最近一次因为宾馆的房间内缺少衣架、因为机场的厕所太脏、因为工匠拖了两个星期后才给你报价而感到恼火是什么时候？你作为客户被惹恼的原因是由于那些（没有明确说明的）标准被违反了。除此之外，也因为这些标准没有被清晰地阐明，或者因为其在工作流程的贯彻中没有得到很好地调控。

概念定义及案例

一份“标准”是一种目标状态，一种对事物如何调控而产生的共识。洗手间应当“经常”清洗，在酒店的客房中应有“足够”的衣架，报价要能够“迅速”地发出。正如你现在所读到的，这些模棱两可的表达是多么不尽如人意：3 个衣架就够了吗，还是要 5 个或者 10 个？厕所是需要每小时清洗一次，还是每天

6 次，抑或一天 3 次？在这些问题上，意见都可能出现分歧。一份真正的标准理应有基于对质量理念的书面表达，并且进行明确的规范。因为有了标准，才能衍生出准则和规范。

★工作标准化使上班变得轻松

在技术领域，规范和准则是再常见不过的了，在其他的领域亦是如此。任何建筑设计师都不会有去抱怨技术标准的想法。我们大家大概都很高兴可以买到统一的“A4”纸，而不是要在手中握着一把折叠尺去裁剪打印机所需要的尺寸的纸张。我们完全可以相信，新买的洗衣机能够恰好放在原来的位置，在搬家后插头也能插入原有的插座。当我们去了其他欧洲国家却忘了给吹风机和剃须刀带上电源适配器的时候，我们才会意识到规范标准大大地简化了我们的生活。

★标准化流程带来的好处

当服务这个课题和标准放在一起时，许多人会非常纠结。但我们看到，希望在蔓延，优质的服务可以通过面向客户的自我激励而自动形成。机场的洗手间虽是一个值得怀疑的例子，然而，在公共设施处悬挂一张厕所每隔多少小时需清扫一次的表格是有其原因的。这张表格的背后是清晰定义的标准，比如“每隔两小时”。该标准是管理人员确立的并希望借此满足大部分客户的期望。

这对手工从业者同样适用。如果他考虑到客户需求，并为之创建何时提供报价的标准，那么他就能够有更多的机会进行快速反应，比如，标准上写着：“客户必须在3 天内收到报价。”在理想的状态下，报价的组成和内容也应形成规范，这也就可以防止一天内产生两种不同的报价，例如在个体手工企业中，一位员工在上午上班，另一位则值勤于下午。

★为什么要对流程进行描述？

标准是衡量工作质量的尺度，它可以提升工作流程的清晰及透明度。影响工作成效的行为标准，不仅涵盖流程本身，更涉及其中的诸多因素，且须考虑到一些可能出现的问题，并提供相关解决方案。谁可以在一家手工作坊中给出报价？有哪些必要的信息？谁会得到这些信息？从何处以怎样的方式处理？谁来起草报价，谁来批准？报价又以何种形式来发送？流程的描述能够清晰地展示这一切。流程描述是对重复流程进行一份详细、专业、同质量相关的并按时间顺序排列的描述。机场厕所的清洗也可以在流程描述中找到，就像对于在一份未来到期的租赁合同的协商程序一样。

★不断重复出现的工作需要为其制定相应流程

每当工作重复时，流程就展现出其意义。基于流程，你能节省时间、方便交接。它是培训新员工重要的工具，并可以降低错误率。一般来说，对于一次性的进程，往往不值得对详细的流程描述进行太大的投入。请参见表3.1中一个流程描述示例，它对大型或者小型组织机构的影响可能是一样的。作为一位800余人企业的总经办助理，这位创建文档的员工，经常会被人请去帮助设置Outlook账户。为了优化这一耗时的流程，他创建了一份详细的文件，并通过图像信息对其进行完善(我们在这里并未列出其截图)。当然，这些描述一开始是会占用一些时间，但是所投入的时间终究会有其回报。“从那以后，我所投入的精力被降到了最低。”这位Outlook专家总结道。与此同时，他完成了一项内部“服务”。

你可能对那两个伐木工的故事很熟悉，他们汗流浃背地在用一把钝锯锯树。当过路人问，为什么不先把锯子磨锋利了，其中一人抬头回答：“磨锯子？我们可真没有这个工夫！”创建工作流程其实也就是在把锯子磨锋利了！

表 3.1　流程描述示例

流程描述（PB）	
配置 Outlook	PB_ Outlook_ einrichten. doc

一、目的/目标

本流程旨在使全体员工在自己的岗位上有能力去在 Outlook 配置自己的邮件地址，从而减轻 IT（信息技术）部门的压力

二、适用范围

在某酒店集团中拥有邮箱的员工

三、责任

IT 部门负责人

四、工作流程/规定/信息

编号	流程步骤	权限（职能或职位）	备注
1.	某酒店使用微软 Exchange 及微软 Outlook（2003/2007）进行邮件通信。拥有邮箱地址的员工可以通过两种不同的途径收发邮件： （1）在本地电脑使用 Outlook （2）在每台接入互联网的电脑上使用 Outlook Web Access		
2.	**配置** Outlook 2003 在首次启动 Outlook 时，依次点击开始 > 程序 > Microsoft Office > Microsoft Office 2003 打开设置助手。请参照 BI_Outlook_2003_einrichten. doc 中的图片来完成 在助手设置完成后，你的邮箱已经配置妥当。你的电子邮件签名会在系统重启后自动生成。之后你还必须根据 PB E-Mail-Signatur 设置标准签名		相应的信息请参阅：http：//intranet/QM/Bildinformation/BI_ Outlook_ 2003_ einrichten. doc

续表

编号	流程步骤	权限（职能或职位）	备注
3.	**配置** Outlook 2007 在首次启动 Outlook 时，依次点击开始 > 程序 > Microsoft Office > Microsoft Office 2007 打开设置助手。请参照 BI_ Outlook_ 2003_einrichten. doc 中的图片来完成。请选择选项 “Microsoft Exchange Server” 并点击 “继续”。系统会自动识别你的用户名及服务器信息。再次点击 “继续”，Outlook 2007 会自动配置你的邮箱 在助手设置完成后，你的邮箱已经配置妥当。你的电子邮件签名会在系统重启后自动生成。之后你还必须根据 PB E-Mail-Signatur 设置标准签名		
4.	**配置** Outlook 2010 在首次启动 Outlook 时，依次点击开始 > 程序 > Microsoft Office > Microsoft Office 2010 打开设置助手。系统会自动识别你的邮件地址及用户信息。点击 “继续”，Outlook 的设置将会自动完成。你可以通过相应的窗口跟踪设置的状态。设置助手完成后，请点击 “完成”，Outlook 将会自动启动并等候使用 你的电子邮件签名会在系统重启后自动生成。之后你还必须根据 PB E-Mail-Signatur 设置标准签名		

续表

编号	流程步骤	权限（职能或职位）	备注
5.	**使用** Outlook Web Access 所有邮件用户都可使用 Outlook Web Access，这样可以不受工作环境的限制直接调取邮件。你可以用一台连入互联网的电脑通过以下地址打开网络入口： https：//mail. muster-hotels. de/ex-change 请使用常用登录信息登录系统。通过 Outlook Web Access，你可以在办公室外仍旧使用 Outlook 的所有功能		由于浏览器的不同，可能出现以下错误信息：  遇到这种情况请点击继续……
6.	以下其他关于 Microsoft Exchange 应用的过程描述已上传至内网： • PB-E-Mail-Signatur • PB-E-Mail-Signatur • Werbung PB_E-Mail-Kommunikation • PB Outlook Postfach archivieren • PB Outlook 2007 其他邮箱设置		

五、一同生效的文件

PB_E-Mail-Signatur

PB_E-Mai-Signatur Werbung

PB_E-Mail-Kommunikation

PB Outlook Postfach archivieren

PB Outlook 2007 其他邮箱设置

六、两类接口

a. 与内部位置/程序/过程的接口

b. 与外部位置/程序/过程的接口

七、指标参数

每位用户的邮箱容量最多不超过 500 MB

日期：2013/08/23 10：47　　版本：3.0

创建人：……　　审核：质管总部　　批准：质管总部

■ 流程描述的举例

一家企业中到底有多少工作流程?

★哪些流程和谁有关?

在“设置 Outlook”中，你会在第四项流程中找到相关信息的链接，特别是有关邮件签名和存档的信息。在每家公司都有太多的、必须日复一日进行的工作流程，这样该企业才能成功地运作起来。并非所有这些流程都与每个员工有关，门卫不必熟悉招聘流程，人事部也不用对热线服务部门了如指掌。然而，对于公司的大多数人来说，流程的数量之多，着实令人惊讶。如表 3.2 是一份酒店前台的流程。

表 3.2　酒店大堂的工作流程一览

1. 存放处	18. 佣金结算	35. 擦鞋服务
2. 举止及形象	19. 定额管理	36. 特殊需求
3. 浴袍押金检查	20. 客户关系活动	37. 员工守则
4. 问候	21. 清单管理/统计	38. 订桌当日结算
5. 确认	22. 客人信息登记表	39. 交接
6. 奖励活动	23. 来电信息	40. 礼节规矩
7. 账目检查	24. 信息处理	41. 贵宾服务
8. 办理入住	25. 未入住处理	42. 非预定直接入住
9. 办理退房	26. 暂留预订的管理	43. 物资订购
10. 文件维护（公司/客人）	27. 停车管理	44. 清洗服务
11. 押金管理	28. 撰写楼层指示	45. 叫早服务
12. 简介/酒店介绍	29. 账单检查	46. 报章管理
13. 出租自行车	30. 投诉的处理	47. 客房分配
14. 失物招领	31. 预订确认	48. 按类分的客房销售
15. 行李寄存	32. 客房服务	
16. 团队入住	33. 保险箱操作	
17. 收银台结算	34. 钥匙管理	

★每一个工作流程都由许多独立的行为规范组成

正如你看到的，这里（在不追求完美的情况下）已经聚集了近 50 种工作流程。当然，每个酒店集团的侧重点不同。几乎每个人都和这些流程以及酒店的服务质量、专业性打过交道。有时你可能不太满意，因为一项流程执行得不够迅速、不够友好或是不够完整。比如，在住店客人退房的时候会被问及其他消费（例如冰箱中的饮料）、账单寄送地址、支付的正确性、如何同客人告别等，这些单项工作的总和就已过百。

其中许多的流程对客人、病人、委托人或顾客的服务体验有影响，因为零售、健身房、咨询公司、会展公司、税务事务所或诊所的工作流程之间没有本质的区别。任何致力于收集、研究、改进和记录其组织机构中所有流程的人都有着远大的目标。制定部门目标并结合员工的个人目标当然也是一种流程，它应该在流程描述中加以规范，以便更加专业地去遵循实施质量（这里具体指领导质量）。

★目标：捕获并记录关键流程

当你依此在每个部门采集重复性流程的时候，你就能跟进整个公司的进程。在此，质量经理将这些流程分为核心流程、辅助流程和管理流程。

★重复的流程是相关的

- 核心流程直接影响着业绩，它是价值创造的一部分并和客户有着直接的联系。它所涉及的是那些客户最终所支付的服务。例如，酒店的客房或是会议室的出租、医院里的手术和其他治疗以及床位、租车公司的车、健身房所提供的课程。
- 辅助流程伴随着核心流程，它并不立即产生价值（没有客户愿意为这些辅助流程买单）。这包括给员工买的东西、通信以及 IT（参见设置 Outlook 账户的流程描述）或是打扫办公室。
- 管理流程是那些掌控并管理企业的过程。诸如之前提到过的确立目标、招揽人才、人才培养、培训、继续教育等流程。

如何对流程分类取决于公司的业务目标。车辆的采购和维修对一家快递公司来说是一个辅助流程，而在租赁汽车公司却是一个核心流程。在所有流程中都存在一个问题：这些流程是根据明确的准则还是由个人酌情来控制和实施的？

这和质量管理有什么关系？

★写下来 + 坚持做到 = 质量管理

系统性的质量管理意味着，采集企业中所有相关的流程数据，研究评估，并将必要的情况进行记录。除了流程之外，标准以及其他文件诸如模板、表格和清单也是重要的组成部分。对我来说，质量管理可以用一句话概括：把你做的写下来并遵守你写下的东西。这里就已经包括，例如，一家花店将关于植物的采购及包装的清单交到一位店里打零工的学生手里。当然，在此我们已经将整个流程在以客户为导向并且同客户相关这两点作为先决条件，因为如果流程中有“废话”，将不会在质量管理中起作用。

★独立应用的缺点

就算没有系统性的质量管理，在你的公司中很可能已经存在模板、清单或者业务指导书。但是这些东西的影响力非常有限，往往就只依赖一位经验丰富的员工自发地对流程进行书面记录，或是一位部门经理自己喜欢使用清单，并在他所负责的范围内积极地推行到工作中去。这些做法会随着他们离开这家公司而一起离开。无论是对于酒店前台的组织规划，还是出版社各部门之间的衔接抑或是健身房接纳新员工的流程，新来的人往往会重新定义一切。辐射范围不广的记录是影响力有限的解决方案。在A部门工作的甲往往不知道在B部门上班的乙是如何处理工作的，这里提到的就是所谓的孤岛方案。

系统性质量管理的基本想法是在企业中将相关的流程汇集成一种统一的、有意义的记录以便能够：

★良好的记录可以带来什么？

- 发现薄弱环节（比如缺失的标准、节点上的问题、带来过“偶然性成果”即时而有效时而无效的未经规划的流程）；
- 建立透明度（对每个人来说，什么事该怎么做都经得起推敲）；
- 确保一致性（从而便于不同部门之间的沟通）；
- 降低错误率和成本（例如：避免工作重复、报废或投诉）；
- 把有约束力的质量标准用白纸黑字确定下来；
- 启动一个按照计划、执行、检查、处理（PDCA）的方法，对记录流程的功能性进行测试，并不断优化其功能的持续改进的过程；
- 最终，客户满意度得到了提高。

误解、非常规的解决方案以及纰漏（例如，未做回答的客户咨询、不完整的报价或者错误的发票）不应该再发生。公司应该被系统及透明地进行管理，前提是你要认真对待质量管理体系，而不是把它误解为一种一次性的数据收集：咬紧牙关通过认证，却在认证人员离开之后，便把所有的东西都抛在了脑后。[参见“第五步：给予并获得反馈”一章中对德国莱茵TÜV集团迈克尔·维普勒（Michael Weppler）的访谈]

★质量管理是一种长期性的管理手段

★认证不是义务，而是锦上添花

系统地收集和记录流程最终可以使认证得到通过，但这些并不是必需的。如果大家把当前最广为人知的 DIN EN ISO 9001：2008 作为一个清单来描述一个良好的企业组织结构，那么其中恰好有 360 项具体的要求。任何一家理智、健全、坚持以客户视角看待问题，且持续进行改进管理的公司，根本不用花时间去考虑那些标准及其描述，便已达到了 80% 的要求。认证的准备只是为了给公司进行最后的润色，同时还提供了一个也可用于广告的标识。

★DIN EN ISO 9001：2008 讲了什么？

DIN EN ISO 9001：2008 是最广为人知的质量标准，各种机构无论大小都可以依此进行认证。自 1987 年发布以来，已经由 178 个国家、超过 100 万个企业使用该标准。[①]该标准用了 5 个章节列明了以下要求：

- 质量管理体系（记录、质量手册、文件的形成）；
- 领导的职责（其中包括质量方针、质量目标的表述、管理的评估）；
- 资源的管理（实物及人力资源，基础设施以及工作环境）；
- 产品的实现（计划、以客户为导向的流程开发、采购、生产及服务）；
- 测量、分析及改善（基于客户满意度、过程、产品、数据）。[②]

---

① 资料来源：Basak Manders/Henk J. de Vries，Metastudie belegt möglichen Nutzwert der ISO 9001：Auf die Umsetzung kommt's an，in：QZ Qualität und Zuverlässigkeit Jg. 58 （2013），Heft 6，hier：S. 20；im Internet unter www. qz-online. de。

② 您可以通过 www. beuth. de 查看该标准的目录。

这份标准最初是为了应用于生产而开发的，却进而引发了一场将此移植到服务领域中的讨论。这样便导致其进一步的发展，如在“引言”一章中已经提到的 DIN SPEC 77224，它试图制定一个正式版的卓越服务标准，对这种规范却不能开展认证。它试图通过总共 7 个章节去给出一份正式的定义，来描述达到“客户惊艳”效果的基础和前提。此外，例如在卫生或汽车制造业，也存在一些具体的行业标准和对 DIN EN ISO 9001 : 2008 的相关补充。

除了 ISO 9001 外，EFQM 模型也有着较为广泛的应用。该简写的全称是“欧洲质量管理基金会”。作为一种欧洲版的卓越商业模式，它建立在企业对领导、流程和结果的全面自我评估之上。此处的目标也是建立一个基于系统性收集和全面改进业务流程的整体管理系统。这个模型的简要概述可以在 DQS 的网站上找到。[①] 以下 3 个组织在制定和不断更新标准方面发挥着根本作用：

- 在柏林的德国标准化学会（Deutsches Institut für Normung e. V.，简称 DIN）；
- 位于布鲁塞尔的欧洲标准化组织（Comité Euro-péen de Normalisation/European Committee for Standardization/Europäisches Komitee für Normung，简称 EN）；
- 总部在日内瓦的国际标准化组织（International Organisation for Standardization，简称 ISO）。

如此便解释了那些复杂的标准简称，例如“DIN EN ISO 9001 : 2008”中，“EN”代表欧洲标准，之后的数

① 资料来源：https：//de. dqs-ul. com/standards/excellence/efqm. html。

字为出版的年份。ISO 9001 计划在 2015 年进行了修订，它将继续发展质量管理体系。在过往的一段时间内，标准中文字表达与刚开始的时候相比，从根本上变得越来越人性化。除此之外，术语也有所改变，服务现在也被理解为产品。为了开拓公司继续发展的思路，对此标准进行研究是非常值得的。

常见的对质量管理的批评

★必须在实践中遵循质量管理

对那些愤世嫉俗或坚决反对质量管理的人来说，ISO 的实质就是“小白收集文件夹”。而几乎与所有的问题一样，对质量管理的关键不仅仅是什么，还有怎么做。要做到“质量带来喜悦”，那么员工从一开始就应该参与到流程制定中去（也包括文档和质量手册的创建），迫使自己去记录相关流程，而且所发生的耗费可以让每个人通过更多的安全、透明以及信任得到收益。简言之：将工作由繁化简。当然，前提是一套成熟的系统已落实在日常工作中。如果大家都不去看质量手册中的记录，那么它对任何人来说都是没有用处的。如果管理人员不去遵守流程，那么你很难期望员工会那么做。

表3.3 是一家连锁酒店的管理层在认证之前，基于 ISO 9001 所建立的全方位管理体系的部分节选。

★目标：节省时间

为了之后能够节省时间，首先需要在优化流程上耗费时间，这点毫无争议。每一种体系的好坏与否取决于它的执行，我们也不会因为有些司机不遵守规则而去废除道路交通法规。那就让我们看一下最常见的一些非议点。

表 3.3　某连锁酒店的管理体系节选

质量管理的优点	质量管理的缺点
令所有人可取用的、持续性的记录	需要占用设施/资源（时间、金钱以及人力）
系统性的错误分析	系统还不具备被所有人规模性地、独立地使用
加强自主性，为领导者减压	从员工的视角：部门经理须承担起领导职责
质量不需要依赖于他人	必要的灵活性受到了限制
标准的透明度	描述流程的语言方式（质量管理的术语、命名、表述、缩写、其他语言）
知识的累积及传递	多样性与烦琐性（确保系统的简单化）
对新员工的入职培训有帮助	（在允许集思广益的情况下）失去了独立自主的能力
对于培训有使用价值	“没有质量管理我们一样做得好！”/“一直以来都是这样的！”
确保了正确的/既定的实施	行政管理上的主观能动性（改变需要时间）
流程描述作为辅助工具	忙到死/过度反应/担忧：官僚体制怪物
通过“偷看”企业内网来加强安全感	信息过度充斥：花大量时间寻找流程描述、探求哪些人需要知道哪些事
在竞争中脱颖而出	时间管理：将质量管理融入日常工作中
企业目标及员工目标的基础	有时在流程描述中的一些要求被定义得过高（愿望与现实）
清晰的流程节省了时间	惧怕认证，对认证感到压力
通过系统化的工作来达到更好的时间管理	
可控制/建立控制过程（例如：验厂审核）	
更好的交流（部门内及酒店间的信息流动）	
减少不必要的讨论	
质量检验	
能力得到了记录	
确保可持续性	

■ 管理层对质量管理项目实行后的总结

质量管理非常不灵活

生活比任何手册都要多姿多彩，对此无人有异议。

不是每一件事都能通过流程描述来进行规范，单就时间的耗费来说，进行这样的尝试便非常地荒谬，只有去规范那些经常发生的标准过程才是有意义的。

★地址管理的混乱——不像样

举个例子，一家高档的健身中心常年来不能准确地给会员投放信件：一位女性会员就收到过写给“××先生”的而不是“××女士”的信，或是信件上的邮政编码不对，或是寄出太晚，或是名字拼写错误，最近一次还把街道的名称写错了。也许那儿的会员经常更换，因此不断出现一些新的地址，但是服务质量也包括重视对待会员的姓名以及其他信息。对这家健身房来说，将收集地址及批量发送信件的流程进行标准化规范显然是有好处的，这样也可以对应其自设的“高级”标准。反之，对单个事件进行标准化的意义就不大了，例如补发会员卡时统一信件中的措辞（如果这种事情 3 年才发生一次）。赋予标准流程以灵活性往往会导致混乱。如果你每次都从零开始，又有什么好处呢？

质量管理扼杀创造力

如果领导者对做每一项工作都要通过条条框框去约束，那么员工今后就只会根据约束范围内允许的条款去工作，如此便限制了员工去一同策划的意愿，造成令人担忧的结果。从我的经验来说，造成“按部就班”的原因有许多，而根据盖洛普研究所的调查结果，缺乏赏识和领导失误是最常见的原因。因此，终将导致员工离开老板，而不是公司将其辞退。[①]

① 资料来源：Marcus Buckingham/Curt Coffman，Erfolgreiche Führung gegen alle Regeln. Frankfurt：Campus 2001，S. 28。

★员工对领导者有什么要求

然而，重视价值的领导方式和明确的指示并不互相排斥。相反，许多雇员明确地希望他们的上级有强大的计划能力。因此，2011 年，管理咨询公司 Rundstedt HR Partner 在 11 个国家对 6 800 名员工，围绕“理想的领导者应该是怎样的”进行了调查。排在第一位的是，“懂得计划和组织的领导者”（45%），接着是“融合及激励”（38%），“善于交流沟通并能对做出的决定进行解释”（36%），“认可员工”（30%）以及“表现出自信”（30%）。[1]

★质量管理促进员工自己去承担责任

管理层面临的挑战是能否制定明确的规章制度，将管理与管制进行区分，并赋予员工自行决定的空间。如果使用正确，流程描述甚至可以提升员工的独立性，打开那些激发创造的时间和精神自由。原本要询问上司的地方，现在可以自己在内网或书面的质量手册中获得信息。当然，前提是你的上司会对有关问题做出适当的解释，并提供质量手册，而不是扮演那种“什么事都由我来完成”的角色。

质量管理让服务变得非个性化?

★顾及个性的因素

我们在本书中问了所有的受访者，最近有哪些服务体验给他们留下了深刻的印象。他们中的很多人都提到了一些和自身息息相关的体验——比如一位银行的职员自发地给一位刚刚动过手术的客户提供帮助（萨宾娜·胡布纳），再如一位邮递员以不寻常的方式把包裹在街上直接递给了收件人（马库斯·布兰德）。那些所谓特别的服务质量体验是指那些特别的、个性化的、由服务人员发自

① 资料来源：Andrea König，Mitarbeiterwünsche an Führungskräfte. So sieht der ideale Chef aus，www. cio. de（23. 08. 2011）。

内心真诚待你的经历。那么这些又是如何符合标准和流程描述的呢？或者换种方式问：如果提出十分精确的要求，那么我们是不是把员工降级为服务机器人了呢？

★重要：独特的服务理念

反过来问一句：是什么让你如此确信，这家银行的两名榜样员工和公司的送货服务人员都不熟悉质量管理并据此接受过培训？被正确理解的质量管理可以更加敏锐地察觉出客户的需求，甚至可以激励个人在日常生活中本着质量思考的精神来行事。而标准化服务的机械或真实程度，更多地取决于员工的服务理念而不是服务标准。

★造成非个性化服务的真正原因

你自己可能也了解那些高度标准化的流程，比如飞机上的机舱服务或是在酒店前台办理入住手续。很多时候，虽然员工们紧挨在一起工作，但其处世方式却截然不同：有些人表现出真诚的友善，而另一些人则显得冷淡，仿佛在机械地处理一个程序。所以，为什么要去指责这些流程呢？如果我们不去告诉他们应该怎么做，那这第二类人群会更加友善吗？这里你必须重新考虑一下人力资源部门的招聘流程（如何设法将那些有着正确服务意识并遵循流程的员工融入企业中），或是优化管理层的领导，把员工放到他们能够最大化发挥自己潜能的位置。

质量管理和服务质量

让我们再一次系统地考虑服务质量和质量管理的问题。在前文中就已经提到过：在客户期望和服务承诺的相关性方面，以质量为导向的管理系统需要考虑到的突破点在哪里。

GAP 模型

美国经济学家瓦拉利·赞瑟姆（Valarie Zeithaml）所领导的团队在 1987 年就已经为完善达成服务质量建立了一个在关键时刻能够扣人心弦的模型，也就是所谓的“GAP 模型”（又称“服务差距模型”）[①]，当前在德语国家中对其有各种不同的理解表达。该模型从图 3.1 表示的几个方面出发。

★差距在哪里?

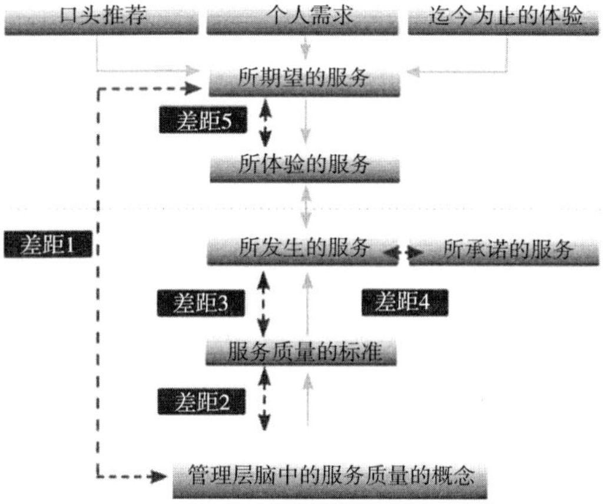

图 3.1　服务质量差距模型

客户会把他们对于服务的某些期望融入个人推荐、自身需求、迄今为止在服务提供者处获得的体验以及企业广告中的宣传（“所承诺的服务”）中去。反之，企业的管理层也借此了解了客户的期望。此处便可能产生了差距 1：管理层错误（过高或者过低）地估计了客户的期望。

★如果管理失误

---

① 资料来源：Valarie A. Zeithaml/Leonard L. Berry/A. Parasuraman：anmerkungen 237 Communication and Control Processes in the Delivery of Service Quality，Marketing Science Inst 1987。

★需要顾及文化的差异

举个例子，美国零售巨头沃尔玛在若干年前把美国顾客的服务期望照搬到德国来，比如很多德国顾客对美国超市门口那些常见的“问候者”或是美国人认为理所当然的收银台装袋服务感到十分不舒服，他们对这类服务没有期待，而且对于他们来说，这些服务都是不相关的（请参考“引言”部分的访谈）。

★以必要的严肃性行事

差距2可能出现在管理层对服务质量的看法和明确制定的服务规则之间。任何规范，例如ISO 9001或者是其他行业的特定标准，其目标都比管理层对于服务质量的看法更加宏伟，有时也可能不那么严格。这同样适用于内部所制定的规则，主管人员究竟以何种程度来认真对待它们?

例如，如果规定电话铃响3声后必须接听，给客户的报价必须在两天内发出，那么管理人员就应该身体力行。如果部门主管在开会时眨巴眨巴眼睛说：“我们不要如此斤斤计较。”——这样的话会给规则带来毁灭性的打击。执行者的价值和动机在此扮演着和“是否对质量有一致的理解”这样的问题同样的角色。

★员工必须具备哪些东西

差距3讲到了所提供的服务与明确规范或规则之间可能存在的差异。员工可以多好地实施公司管理层所提出的书面要求和期望呢？如果在这里出现了一个缺口，那么原因可能是知识、技能或者意愿的缺乏——在培训、个人匹配（缺乏服务意识）或是对公司的认同感方面都可能是造成缺失的根源（对于积极性的打击）。

★可持续性是关键

如果你将汉莎航空的机上安全指示与广播同德国联邦铁路公司进行比较，哪家企业成功地为员工进行了播报培训便可立判高下。同样，那些徘徊着寻找麦当劳门店的人，能够体验到一个被近乎完美地实施的服务规则，无论是在德国的基尔、科隆，还是日本京都的门店，产品以及顾客的接待都几近相同，经常来麦当劳的顾客在全世界都能得到他所熟悉、所期待的东西。这也是一种服务质量，而且同时抛出了一个问题：持续创新和惊喜是否可以覆盖所有的目标群体？

★广告中的承诺与现实尽可能地一致

客户会把实际提供的服务与公司所承诺的服务，也就是广告信息和营销承诺进行对比。如果在此发生了进一步的（差距4）断层，那么在社交网络时代的互联网上会激起愤怒的浪潮并广为人知。举个例子，2011 年发生了针对德国电信公司 O_2 的一项所谓“个案”事件的运动。一个博客的博主向 O_2 公司抱怨网络问题，O_2 公司声称这是一个“个案”。尔后，该博主建立了一个名为 www. wirsind-einzelfall. de 的网站，许多对 O_2 公司不满的客户在这个平台上对自己的愤怒进行了宣泄。

同样，已经破产倒闭的日用品公司 Schlecker 将其含糊不清的新口号（“为你，在身边”）解释为针对“中低教育水平”的客户，他们宣称对客户友善而实质上却不尊重消费者。且不论这是否是公关上的失误，一家企业经常去缩小它的广告承诺与执行之间的差距，并去考虑营销部门或外部营销机构的建议，总是没有错的。如果 Rewe 超市说“每天都要进步一点”，那么它的口号就必须经得起现实的考验。或者说像汽车玻璃服务公司 Carglass 所承诺的：当处理飞石砸伤玻璃的时候“没有人比我们更快”，如果车辆有保险，那么所有的维修会在 30 分钟内完成，而且免费。

★客户的威力

客户会在总体上将他所期望的服务同实际体验进行比较。这里也可能会出现一个重要的差距 5。如果体验超越了他的期望值，客户会表现出惊喜。如果服务没有达到他的期望，或许他就会转投你的竞争对手。在这种情况下，不良的体验会进一步影响客户，他们可能会在私下交流、社交媒体、点评网站或者企业的主页上发泄情绪。因为服务不佳，客户会有最大的动力去传播他们的不满，企业也会因此承担极大的风险。

★客户的反馈带来了什么？

对于客户，企业必须通过系统地征求他们的反馈来降低企业服务与客户期望之间的不对应程度。否则，就会导致服务没有按照客户需求去进行计划的风险。因此，标准或者规范可以用来衡量客户满意度是有其原因的，它们既涉及收集并明确客户的期望，也涵盖客户对相关服务的体验的信息收集。客户的期望是衡量客户满意度的一个重要指标。如果要给客户留下深刻的印象，那么企业必须做的不仅仅是去满足他们明确提出的要求和期望，还应酌情提供客户未主动诉求的产品体验。

为什么质量管理可以与“服务缺口”进行抗争

为什么引入质量管理体系可以帮助缩小 GAP 模型中所描述的差距呢？以下措施是有帮助的。

- 差距 1（管理者的感知与所期望的服务）：对定期的客户调研及其他系统性反馈工具进行整合，可以降低这种风险。
- 差距 2（管理者的感知与服务质量的标准）：对质量的共同理解的公式化，如采取“质量政策”（参见前文中关于“价值”的分析）。在采用质量管理体系的整个过程中，所有利益相关者都应知晓管理标准并严格遵守。
- 差距 3（服务质量的标准与所发生的服务）：员工可

以参与公司的标准和流程描述的验查、补充和开发，或得到专门的培训。这样就提升了规则被认同和遵守的可能性。此外，这样也能生成一份可以轻松找到以及容易理解的质量标准，员工可以在有疑惑的情况下进行查询。而客户反馈计划也可以作为一份附加的规则。

- 差距4（所发生的服务与所承诺的服务）：在广告与现实之间，那些企业形象的差异可以始终如一地通过调和广告承诺与所制定的服务标准之间的差异来避免。一家电信公司如果承诺在客户下单后一个星期就能把电话线路接通，那么它事先必须客观地衡量一下，这一承诺能否兑现，迄今为止的处理时间是多少。
- 差距5（所期望的服务与现实体验的服务）：质量管理还通过多种措施缩小了“期望与现实之间的差距”——通过相应的标准和流程收集客户的期望，按照客观的服务标准始终如一地考核员工的绩效，制定明确的质量方针并提高员工对质量问题的认识。

引进一套质量管理体系

★质量管理是给企业的一份任务清单

如果质量管理被理解为一个能够掌控企业全局的全面的管理系统，那么它就必须同一个拥有所有在企业中相关流程以及一目了然的、有计划的、透明且统一的组织机构的目标紧密结合在一起。对于那些想要通过自我或是外部咨询师去实现这个目标的企业，我们在此将会给出一份任务清单。

典型做法

★一家组织机构的成熟度

下面描述的流程是空泛的，在具体的执行中，必须对每个公司单独定义、定制和控制。以我们多年的咨询实践为基础，将其理解为原型模式，并已在若干场合中实施，所需时间约为1～3年，具体时间视公司的规模及成熟程度而定。一般而言，根据项目和质量管理标准区分成5个成熟度不同的级别：

- 不完善的流程（意味着在混乱中生存）；
- 经过组织的流程；
- 标准化的流程；
- 受掌控的流程；
- 优化的流程。

除此之外，耗费多少时间亦取决于企业是否积极希望认证。认证本身一般来说只需要几天的时间，而依程度不同，做好充分的认证准备工作则需要3～6个月（见表3.4）。

表3.4　企业质量管理体系认证流程

项目步骤	负责人
设计并通过质量理念总则 • 有参加认证的想法 • 没有参加认证的想法 内容 • 确立项目目标、项目团队、项目企划 • 定义责任 • 建立质量团队 • 有必要的话建立起监督委员会，以便能够经常评估及掌控项目进度 • 对文件形式以及文件的管理做出初步的规定（集中管理、分散管理、基于网络管理）	在外部咨询师支持下的最高管理层

续表

项目步骤	负责人
• 以质量为诉求，企业应从客户和员工的角度出发，对自身的愿景、使命、纲领、价值观以及领导者的管理方针进行检验 • 确立质量目标/质量方针 • 进行优势/劣势分析 • 在条件合适的情况下对员工所填问卷的结果以及来自企业内部的意见进行评估及整合 • 在条件合适的情况下对验厂审核（生产安全、卫生环境、行业特殊条例）的结果进行评估及整合 • 评估如何对待分析结果 • 确立资源 为了深入探讨质量理念总则，可以发起一次全天的理念研讨会	
任命及培训质量管理代表（QMB）或是质量经理	
在拥有众多子公司、分店的大型企业中，我们需要在质量管理总部之外任命多位质量管理代表 在项目开展之初，我们需组织该群体进行一次质量吹风会	最高管理层、质量管理总部、质量管理代表或者外部咨询人员
仅由小范围内的领导班子参与的首次研讨会	
内容 • 理念介绍、讨论以及核准 • 根据企业各方面的完善程度制订不同的方案 • 必须阐明企业的愿景、使命、纲领和管理将如何进行文字表述，以及它们被企业各个员工熟知的程度（企业文化） • 项目的进展取决于对企业文化的评估。在此，需要回答的问题是：为了使项目获得成功，我们需要通过哪些议题来达到企业的哪些领域及层面上的目标	最高管理层、质量管理总部、质量管理代表或者外部咨询人员

续表

项目步骤	负责人
如果你的计划最终失败了，那么你从开始就在计划你的失败。随后的交流策略应遵循公式：Q × E = T Q = 理念自身的质量 E = 员工的配合 T = 达到的效果和项目的成功程度	
企业文化的专题研讨会 除了与质量有关的工作外，企业还得开展“企业文化工作” 内容 • 确立并交流愿景 • 识别并交流价值 • 确立并交流企业纲领 • 确立并交流管理方针 依据组织机构的历史、规模、成熟程度、可用资源以及技术和空间的条件不同，这些方法可能会有很大差异	最高管理层、企业中的各级领导、质量管理总部、质量管理代表
选择及建立合时宜的文档记录形式 当今，文档记录一般来说都可以通过基于网络（保护）的集中化质量管理文档软件来完成（参见“第四步：给员工提供服务——质量手册”）	最高管理层、IT 部门、质量管理总部、质量管理代表外部咨询人员（如有必要）
任命质量管理促进人（QMP） 为了使项目能够更好地扎根于企业中的每一个部门，我们需要任命所谓的质量管理促进人并将部门负责人纳入团队中。在此，我们需要开展针对促进人以及部门负责人的质量培训	最高管理层、质量管理总部、质量管理代表或者部门经理
同步进行：日常生产层面上的信息公开活动 发布信息的人职位越高，所组织活动的效果就越佳	最好是最高管理层的成员

续表

项目步骤	负责人
内容 • 出发点是什么？ • 为什么（项目目标）？ • 谁来负责？	
定期举行质量管理代表或质量管理促进人会议 内容 • 确定特定的流程 • 对文件记录结构进行决策 • 收集或建立流程描述、模板、清单以及和质量有关的文件。一般来说，你会找到许多相应的材料，但对这些材料你只需要进行整理和匹配 • 在适用的情况下根据问卷收集的信息对流程中的失误进行分析 • 确立流程间的接口，消除流程中的失误 • 对标准进行确立、改善以及清除 • 流程的发展、确立及改进 在这个阶段中，可能需要组建专家组。这一专家组专门负责那些需要采取行动的各个流程	质量管理总部、质量管理代表、质量管理促进人或者外部咨询人员
同步进行：对质量管理代表、质量管理促进人进行记录软件操作的培训 这样可以防止仅有少数人进行记录以至于捉襟见肘。企业中的每个部门应负责其自己的文件	质量管理代表、质量管理促进人、IT 部门、外部咨询人员（如有必要）
创立控制委员会 在这样一个项目的框架内，总是会有需要澄清并与管理层协调的问题。因此，特别是在大企业中设立一个指导委员会，已被证明是一个明智的措施	控制委员会成员，质量管理总部、总监级人员、最高管理层（如有必要）

续表

项目步骤	负责人
带有内部系统审核的标准研讨会 那些想要通过 DIN EN ISO 9001：2008[①]或是其他（行业或者课题相关）标准认证的公司，必须仔细地研究标准的内容 好消息是，那些执行过上述步骤并且按照常理、市场及生产规律管理企业的人，可能已经满足了标准中超过 80% 的要求。通过内部审核你可以看到公司内部的缺口有多大	质量管理总部、质量管理代表、质量管理促进人
内部审核 引进内部审核之前需要对内部审核人员进行培训，以便使他们能够具备执行系统、过程或程序审核的能力。一般来说，这些人都是从质量管理代表以及质量管理促进人中选拔出来的 DIN EN ISO 19011：2011-12 可以作为相关标准，对审核提供有效的服务指南 审核后产生的偏差报告及改进方案推进了系统持续地改善	质量管理总部、质量管理代表、质量管理促进人
管理层访谈 公司管理层以每年一次的面谈来评估管理系统的发展状况 最基本的内容 • 上一次管理层面谈的结果 • 客户反馈 • 审核结果 • 与经营相关的绩效指数 • 与流程相关的绩效指数 • 预防及改善措施的状态	最高管理层、质量管理总部、质量管理代表、部门经理

① 该标准在 2015 年被重新修订。

续表

项目步骤	负责人
• 对企业管理系统产生影响的一些变动 • 对实施的改善进行评估（这些改善是否达到了企业所期望的效果） • 行业相关的验厂审核结果 项目流程的评估 • 目标是否已实现？ • 在哪里必须进行干预调整？ • 有没有充足的资源？ • 哪些项目步骤还没有发挥作用？ 在一个系统性的发展计划中，会确立那些有关进一步措施的目标并被定义和集成到公司的战略发展中，因为好是远远不够的	
决定参加认证 这些决策不必在项目开始时，而是当内部审核结果出台以后再做抉择。然而该项目必须准备得体，使决策得以完成，而不是让一切从头开始	最高管理层
选择认证机构 在德国国内或其他国家有许多有资质的认证机构可供选择，这些机构的认证价格差别都不大 一些提示 • 多多获取不同的报价，并让认证公司事前提供相应的咨询服务 • 检查认证概念（何时过期、时间框架、如何有针对地准备） • 注重相关行业经验 • 重视公司的声誉以及认证的重要性 • 评估认证/审计人员是否可以在有针对性的改进形式方面提供一些附加的价值，并在初期碰头会中把这些提供给你	质量管理中心、最高管理层

续表

项目步骤	负责人
年度审核 在认证审核期间，你将被独立审计员审计，其目的是为你的管理系统提供反馈并指出那些尚未得到确认和实现的改进之处 如果最终满足待认证标准中的所有要求，企业将收到审核人员的推荐证明，之后由相应的认证公司正式颁发。DIN EN ISO 9001 : 2008 的有效期是 3 年	审核人员、最高管理层、质量管理总部、质量管理代表、质量管理促进人（所有层面的员工都可能被牵扯入审核中）
通知客户和业务合作伙伴所取得的认证 除了内部功能（流程优化、提高服务质量、实现节省潜力）外，认证证书也带有广告功能。营销部门可以借此对如何及在何处使用认证证书提出建议（如在公司主页、宣传册、报价单、其他广告媒体、展会及横幅上）	营销部门
年中审核 管理体系在每年至少有一次区块审核，以便在 3 年后能够进行充分的评估。这样便展开了一次以进一步发展管理体系为目的的、系统性的 PDCA 流程	外部审核人员
进一步发展管理体系 这一进程已经无限期地启动，应当继续保持，以便能够持续不断的改进 方法 • 对新员工（从公司和部门的具体情况出发）进行系统的培训 • 将企业目标在部门、科室以及个人的层面进行串联，这样可使所有员工都能系统性地参与企业的发展，这也开辟了个人发展的机会 • 关于参加相关评比的决定（例如客户冠军）	整个团队

续表

项目步骤	负责人
• 决定采用进一步的、行业特定或跨行业的指令和标准（如 EFQM 或路德维希·埃尔哈德奖），目的是对综合管理系统积极地进行进一步的开发，因为，好是远远不够的	

■ 引入（质量）管理系统的一些可能的流程

如果你不想一开始就面对整个复杂的流程，那么你可以先在试点项目中收集经验。比如，根据质量管理的标准来重组或优化采购、仓储或是报价。这样的“灯塔”有着积极的照耀能力，并且可以加强员工的积极性，使其能够在引进更全面的（质量）管理体系时，更加融入。当然，前提是试点项目是成功的，并带有许多显而易见的好处。同时，你也应该考虑将质量管理的基本体系转移到财务管理、生产安全、能源及环境管理等其他领域，以确保公司治理的效益符合统一、透明的原则。

★一个良好的开始：试点项目

一个良好的开始：试点项目

当你阅读流程表时，你会发现管理层极大地参与着整个流程。这一结果一方面源于对质量管理作为一个全面的企业治理管理体系的理解；另一方面，经验显示，只有“自上而下”且自始至终获得支持的行动才能在企业中长期地实行。只有最高管理层成为发展的引擎，质量管理才不会仅成为走过场的报幕或是数据坟墓。

★自上而下地贯彻

荷兰伊拉斯姆斯大学鹿特丹管理学院的一个元课题证实了这一点。研究人员针对 ISO 9001 认证所带来的经济效益进行了总共 42 项研究评估。认证对企业来说在

★为什么需要认证

大多数情况下都有回报，包括流程所需的投资。这一效应主要体现在以下 3 个因素上：

- 通过改进流程控制、提高产品/服务质量、提高生产率来降低成本；
- 通过进入新市场，获得更高的市场份额来提升收益；
- 最终，通过认证所带来的广告效应进一步增加收益。[①]

科学家发现，通过质量管理在财务上获得成功的决定性因素是“动机”，真心希望能在企业中提升质量以及在企业中将 ISO 9001 的根本原则进行“内部化”。两者都会通过管理层不同程度上的付出而受到影响。简单来说，那些首先严肃对待而后采取行动的人，会更有可能得到良好的结果。那些从一开始就对质量管理将信将疑的人，最后得到的结果也会证实其怀疑——这是一种经典的自我应验的预言。

随着质量管理体系的引入，流程的所有参与者的眼睛都在时刻紧盯着管理层是否长期践行该项目。他们是否也通过与会、内容讨论以及提供财政和人力资源来打下坚实的基础。

★质量管理需要勇气

当把质量管理体系引入管理系统时，恰好印证了应变管理专家韦恩弗里德·博尔纳（Winfried Berner）针对一般变革流程所说的：“在这个世界上，所启动的变革项目要比成功完成多多了。这种差距的形成终究可以

① 资料来源：Basak Manders/Henk J. de Vries，Metastudie belegt möglichen Nutzwert der ISO 9001：Auf die Umsetzung kommt's an，in：QZ Qualität und Zuverlässigkeit Jg. 58（2013），Heft 6，S. 20 f.；im Internet unter www. qz-online. de。

归结为项目发起者有时缺乏那些支撑他们开展项目带来的压力所形成的勇气、决心和毅力。而最后，你经历了艰险和危机，通过了物质及利益的冲突，突破了道路中的重重阻碍，进入了一个能够指引你通往成功的关键阶段。”①

质量管理代表的角色

★谁来做？谁适合做？

除了来自上层的支持外，引入质量管理体系还要求公司中有能力的员工在日常运营中推动项目的发展。一般来说，这个人就是质量管理代表（也被称为“质量代表”）。在过去，这个职位往往给了一位正在寻找新任务的员工，或者经常选中那些特别认真的员工（“带有官僚气息”）。在最坏的情况下，质量管理代表发现自己扮演了一个麻烦的催缴官的角色，管理层或是同事都没有拿他当回事儿。在最好的情况下，这个位置被纳入了组织机构的发展，尽管坚持质量管理远远超过了该部门的管辖范围。

★质量管理有哪些功能？

这两种位置都不符合质量管理负责人这样一个将流程进一步明晰的关键角色。质量管理代表有别于质量经理，后者经过了对不同标准、质量工具和管理流程的全面培训。更进一步的培训可以将质量经理变为可以自行执行认证的“审核师”。德国质量协会或者德国技术监督协会（TÜV）以及其他的机构提供这种模式下的（质量管理代表/质量经理/审核师）继续培训。最后，质量管理促进者是那些合适的，并对项目

① 资料来源：Winfried Berner，Entschlossenheit：Weshalb Entschiedenheit und Beharrlichkeit des Topmanagements den Ausschlag geben，im Internet unter www. umsetzungsberatung. de。

感兴趣的员工，他们参加内部最基本的培训，并在各自所属的部门承担起质量和其相关流程（比如文档记录）的责任。

★质量管理代表的数量是可变的

一家企业需要多少质量管理代表，以及他们其中的一位是否应该被培养成为（总部）质量经理，取决于这家机构的规模和战略。例如，该公司是更多地依赖外部顾问还是内部的技能？ISO 9001 规定，一家组织机构至少应该指定一名合格的员工作为“最高管理层的代表”，负责整个流程的日常运作。

如果质量管理被视为一个不断优化的过程，那么即使通过认证后也没有意义。它应该直接受管理层领导并得到管理层的充分支持，富有信任的合作在此尤为重要。为了使质量负责人在企业中成功地发挥影响，最高管理层应该毫不犹豫地对其进行支持。质量管理代表最好能用个人的权威来充实职位上获得的权威。对他来说，做到以下几点，将使他能够轻松地激励同事在质量问题上进行合作：

- 对企业及其权力结构非常清楚；
- 在组织中享有个人声望；
- 有同理心和交际能力；
- 坚韧且富有耐心；
- 能看到细节亦不失大局观；
- 具有项目管理经验以及良好的组织能力；
- 具有领导素质。

质量管理代表越接近于这一理想模型，整个过程就越容易获得成功。

要点一览——工作标准和流程

- 清晰的标准及优化的过程可预防不满及事故的发生，所以它们对服务品质来说是不可或缺的。
- “标准”是一种目标状态，是一个统一并精确定义的意思表达——如何对某件事情进行规范。
- “流程”是那些有明确目标的进程和顺序。
- 质量管理的基本理念是收集、描述、记录和不断优化公司所有协定的标准以及相关（重复性）的流程。
- 质量管理本身不只是满足标准以及审核人员的要求，还是一种确保企业管理能够透明且完善的、全方位的管理体系。
- 对质量管理常见的非议有：质量管理让员工变得不灵活，阻碍了创造力且使服务机械化。而往往被忽视的是，只有正常运作的程序才能给创造性和灵活性提供自由空间，个人的喜好是自然形成的而不是受标准的影响。
- 质量管理适用于填补 GAP 模型中的服务差距。
- 最著名且传播最广的质量标准是 DIN EN ISO 9001：2008，许多行业针对性的标准建立在此基础上。
- 系统地收集和记录流程对认证很有帮助，但这并非是强制性的。
- 和一切变革项目一样，只有在管理层的支持下，系统性的质量管理才能展现其所有的最优化潜力。
- 为了不断提升质量（管理项目），每个公司都需要有专业的并可直接向管理层汇报的质量管理代表，或是那些在各部门得到质量促进者协助的质量经理。

- 质量管理项目可以在内部通过有资质的员工或者在外部顾问的支持下得到提升。认证必须由外界认可的验厂审核人员完成。
- 一个企业整体范围内的质量管理项目将持续 2 ~ 3 年，而按照公司的成熟度，认证则可在 3 ~ 6 个月完成。
- 作为企业整理范围内质量管理项目的替代品，我们也可以通过部门试点项目引入质量管理体系。成功的试点项目为进一步的举措创造了可行性。
- 一份多项研究报告证实了系统质量管理的经济效益。

— 访谈 —

通过清晰的标准来提供卓越的服务

对话约尔格 · 希夫曼

清晰的标准及流程优化对斯泰根博格商务酒店的服务品质起到了哪些作用?

约尔格 · 希夫曼：标准及流程给人带来安全感。对于客户来说，该安全感表现在他们能够期待获得习以为常的高质量服务。对于员工来说，他们能够成功地完成工作，如此便增强了员工对工作的自信心和幸福感，以及相同的产品及服务品质带给客户的满意度。客户觉得自己做出了正确的选择，并愿意再次光顾。

您对有些批评者所强调的服务中的“人为因素”以及标准化所带来的不灵活性有何看法？

约尔格·希夫曼：对此我有不同的看法！标准化并不意味着把人为因素，或者说人的个性抹杀掉。标准是达到服务品质的基石。每个人的责任心、所投入的情感、对他人的友善都是使服务获得全方位成功的不可或缺的点睛之笔。每个人都应该且被允许在此尽情发挥。

哪个管理层面有权对标准和过程进行决策？

约尔格·希夫曼：董事会拥有最终的决策权。但是，之前的准备工作由各个酒店的工作小组完成。这些工作小组负责不同的项目，比如前台、管家服务或是餐厅服务。这些负责解决方案支援的工作小组会研究客户的问卷并出台建议，这些建议会由副总向董事会报告并请求核准。我们经常询问客户的需求并将它们落实在我们的服务标准中。

您如何使流程和标准被重视及落实？

约尔格·希夫曼：这些标准会被视为详细的服务规范，以便我们在现场以及在职学习中进行质量培训。年度审核向我们揭示了酒店是否符合所规定的标准，这些都和员工谈话以及再培训直接挂钩。所有的一切都植根于以质量为导向的企业理念，并设法去团结和取信于员工。我们对酒店的期望有着明确的表达，并希望员工能够从这些措施实施后所带来的企业成果中获益。在此，我们也使用在网络中可以找到的那些满意度分析及排名。

集团酒店之间是否存在公开竞争？您是否可以系统性地匹配客户满意度及营业额？

约尔格·希夫曼：不，并不存在这种形式的竞争，但集团会从整体排名出发给我们制定目标。而且，针对客户满意度和收益之间的关系也没有一个具体的指数。当然，我们可以看到，那些业绩特别好的酒店的客户满意度也是很高的。同时，客户满意度与员工满意度成正比。最近，基于员工问卷，我们再次被评选为“德国最佳雇主”。

请您给那些想在自己负责的部门中制定标准和流程的经理人一些重要建议。

约尔格·希夫曼：“标准和流程”是一个内涵广阔的主题。作为领导者，你必须通过它激励你的员工，并把他们拉上同一条船。当员工有安全感的时候，他们的力量和勇气会随之增长，并且给他们的客户和同事带来喜悦。就此而言，起决定性作用的总是客户以及他们的看法。此外，我们应该保持着眼于整体，定期检查所实行的标准和过程是否得到落实。没有什么比不进步更消极。

在客户的要求这方面您看到了那些变化和发展？人们的要求会不会越来越高？

约尔格·希夫曼：我认为这些要求在不断变化，比如在年轻的一代，也就是所谓的 Y 世代中，我们需要有适合他们口味的服务理念。在这里，连锁餐饮饭店 Vapiano 就做得很成功。当然，那些对宾馆和饭店有着传统要求的客户也会始终存在。

酒店行业对于很多其他行业（比如银行和医院）来说是服务质量的风向标，那么酒店行业本身还需要从哪里学习呢？

约尔格·希夫曼：我认为，永远值得着眼于那些完全为目标群体所量身定制的，并且通过明确的标准以及流程去激励的成功的服务理念。这里我就联想到，美国餐饮连锁企业 TGI Friday（星期五餐厅），它结合了酒吧和餐馆两者的理念。它的整体服务风格，从下单到上菜再到买单，是以某种方式进行的。这些纯粹是标准化和流程优化，无论你去的是芝加哥还是伦敦的星期五餐厅，员工们显然都乐在其中，并以此感染着客户。

最近有没有其他的服务体验给您留下了深刻的印象？

约尔格·希夫曼：我的教子前段时间带我去了 Abercrombie & Fitch 的专卖店。在入口处等待你的是穿着泳装并训练有素的男女员工。从通过幽暗的迷宫时所领略的流行产品介绍直至离开这家店铺，一切都是那么时尚，令人陶醉，并能让人留下深刻的印象。它着重寄托于性感销售，由此十分清晰地定义了标准及流程。且无论是在汉堡还是纽约，你会得到同样的体验。我的结论是：入口处排队等待的时间很长，还有我的教子不断在劝说我要成为这里的常客。

图3.2 约尔格·希夫曼

约尔格·希夫曼是负责在德国、奥地利、瑞士、荷兰以及比利时的35家斯泰根博格商务酒店日常事务的运营副总裁。1996年，这位拥有丰富全球经验的经理人的管理事业起步于杜塞尔多夫的卡尔森乡村酒店（Country Inn By Carlson）。之后，他在布鲁塞尔、圣彼得堡及奥斯陆取得了进一步的事业发展。2012年年末，在担任了卡尔森·瑞德酒店集团（Carlson Rezidor）的各种领导职位后，希夫曼转投了斯泰根博格酒店股份公司，其总部设在法兰克福，是欧洲酒店业的领军企业之一。

第四步

给员工提供服务——质量手册

只有当最小的细节都尽在掌握之时，我们才能精确地工作。

——尼基·劳达
（三届世界一级方程式赛冠军）

4

一案例一

- 莱茵地区的非营利培训机构以优惠的价格提供职业再教育研讨会：符合资质的教师、便利的地点、有吸引力的会所——整体的硬件质量无疑是好的。但是，该组织内部的管理仍旧如1968年这幢房屋刚建起时的那种模式。出勤名单是否或者何时送给讲师、谁负责宾馆房间、与会者是否以及何时收到预约确认，如此种种完全没有规划，而且取决于谁在当班或是谁突然想到这些事。由于许多问题必须被澄清、失误需要被补救，大好的时间就这样被耽误了。尽管许多人很认同他们所肩负的培训使命，但总是有员工因为失望而辞职。因为，好是远远不够的！
- “所有的东西都在公司的内网里！”当一家行业协会的新员工对流程、职责甚至通信录方面有疑问时，总是反复得到这样的回答。问题是：在哪儿？所有东西都被记录在某个角落，但只有那些和组织一起成长的老员工对此才能了如指掌。此外，其他人都只能想办法瞎忙活，这里记一笔，那里写一道，带着许多疑惑或是希望，通过借助和老员工的关系得到帮助。然而，这些老员工作为内网的引路人往往显得力不从心。把信息和流程集中记录是很好，但显然，这样的好是远远不够的！

- “我还要说多少次？”这句话是否经常出现在你的脑海中或是你时常这么大声地朝员工喊？很多时候却只是因为一些小事。我那装有研习班材料的旅行箱是由一位员工给我整理的。我还要说多少次，在做幻灯片演示的时候我需要哪台相机、哪些连接线、哪台电脑以及音响。箱子里要有那些还能写得出来字的记号笔。纸片都给我备齐了没有？每个人的姓名标牌是否按照名单全部装箱了？考虑这些要素都是理所当然的，只是我如何能够确信每个人都能清楚我在不同的研习班需要哪些材料？当我花了一刻钟写了一份“需要在旅行箱中预备好的与幻灯片演示有关的材料清单”后，我的不满便到此为止了。可以偶尔针对个别事例单独提醒员工，可一旦重复指导多次，指导者往往就显得力不从心了。

★不是每项记录都是有益且有用的

本章所讨论的“为员工服务”并不该是一纸空文。对一家企业来说，如果言必有行，那么相关工作流程、标准以及其他事项的规定才具有其意义。反之，让员工自己在迷宫般的组织中去寻求帮助，那就企业所增加的成本而言，和那些不完善的解决方案所带来的影响是一样的。或者因为软件的要求很高，只有少数的内部人士才能够接触到。总之，良好的文档记录系统会给公司带来一本顺手的使用手册，这本手册对所有员工都是有用的。在这其中你应该注意些什么，请阅读本章。

给公司的一份说明书

如果一家公司的业绩彻底坠入谷底，那么该公司首先需要找到市场的需求点。其次，要有明确的战略目标：在何时以怎样的方式实现什么样的目标。最后，必须确保负责此事的员工了解这些目标以及由此产生的任务及流程：要做什么事以及该如何去做。

★公司成功的基石

质量手册以及文档记录可以用来回答最后一个问题，即如何尽可能不费力地去组织日常的工作。只有那些小企业才有可能以即兴或是口头表达的方式指明工作流程。当这家企业越来越大的时候，工作流程会越来越复杂，接受指令的对象会越来越多，所以流程描述便转向了书面化。文档注释和备忘录可以用于规范个别操作或者一般的流程。在大多数企业中，电子邮件早已取代了纸张信件。质量手册和文档记录来源于集中收集信息并使其永久可用的基本思想：单独发送的备忘录和文档

★记录何时有用?

说明只能作用于所针对的收件人，新员工在此就有些吃亏了。此外，这些工作指令的存储并没有得到保障，而只是完全取决于个人的偏好。鉴于每天的电子邮件泛滥，人们能否保证及时地注意到备忘录中的信息也还是一个问题。

例如，像 DIN EN ISO 9001：2008 这样的质量标准规定要建立一本质量手册。该手册除了公司的质量政策和质量目标外，还必须包含系统性的文件控制以及对于核心工作流程的记录程序。质量管理手册最重要的目标是对于管理系统清晰透明的共识，最终来达到避免错误并持续改进的目的。因此，没有必要记录所有的过程，而只是那些需要规范的、潜在的、可能发生错误的地方。

★一本质量手册的目标

从质量管理的意义出发，此类文档记录确保了规范的实施，方便了持续改进并确保了法律上的保护，例如在卫生、环境法或职业安全方面。同时，一本手册可作为客户及其他利益相关者的营销工具，它是公司质量要求的最好证明。在这种情况下，有必要剔除一些敏感数据——这样就有两个版本的质量手册。对于电子版手册来说，可以设置适当的访问权限以使一些数据与外界隔绝。

★记录作为营销工具

本章开头的例子说明了，不论每个公司对认证的目的如何，但通过一本质量手册去确定什么事情该怎么做是非常有意义的，它可以将：

- 工作流程标准化；
- 不必一次又一次地重新发明“轮子”，而是将已获证实的方法维持下去；
- 确保信息可以被快速发现；

- 防止知识丢失（比如因为员工的离职）；
- 把故障及错误减少到最低限度；
- 简化对新员工的岗位培训；
- 节省那些因为重复临时的信息而浪费的时间。

一本通过IT技术所实现的企业质量手册，无论是在内网还是互联网中，都可以很轻松地更新信息。在纸张记录的时代，所有用户对于新的清单都必须进行归档整理，以便在流程发生更改的时候能够以旧换新。因为电子手册的集中管理，仅需更新一次就可以让所有人使用。这也引出了文件控制的问题：谁可以设置及更改信息？谁只能阅读？谁可以创建并审核文档？ISO 9001在此还要求任何明确的决策都必须进行书面记录。让我们先看一下手册的内容，然后再看一下进行文档记录的各种可能性。

★如何进行记录——哪些人应该积极参与？

一本员工质量手册的核心内容

如果要记录公司的核心信息，通常需要以下类型且最好按部门进行排序的文档：

★应该包括哪些内容？

- 基本信息（比如使命、质量方针、质量目标、领导方针、人际间相处的基本原则）；
- 将职责和公司结构清晰展现的组织结构；
- 带有职责划分、能力及工作要求的职位描述；
- 能让新员工快速融入的入职培训计划（当下的另一种说法是“Onboarding”）；
- 对工作流程进行通俗易懂地描述，更进一步地说，是那些必要且有用的；
- 此外，我们还需要核对流程清单（来快速检查是否要求都得到了满足或者一项工作被圆满地执行）；

- 通过照片或是草图——把这些放在用图片比用文字更能说明问题的地方（比如在酒店的餐厅处以图示说明：自助早餐到底长什么样）；
- 准备好用于重复性工作的模板（例如：标准信函、职位描述的架构或位于酒店前台的每日天气预报）；
- 那些只需通过简单勾画来回答或用定向提问避免题干冗长的表格文档，可以提升沟通速度（例如，为会议预订房间或为客户订购促销赠品）。

★哪些组织结构在实践中证明了自己？

对于那些决定创建一本质量手册的人来说，在事先搭建起一个有约束力的、对所有部门一视同仁并能够更容易让人理解的、能由常态导出特例的基本架构，将会很有好处。首先可以在一个部门内测试其实用性，然后再将之转移到其他部门。通过类似的试点项目，公司的一家分店可以先为它自己制定一本质量手册，而后将其作为其他分支机构的一个可靠的原型。

★明确的职责及等级结构所带来的好处

我很明白，诸如“组织结构图”或“工作描述”这样的词汇在某些人听起来，说不上陈旧，但非常地老套。今天，人们在高声歌颂灵活性以及跨越等级的合作，而生活的经验表明，无等级之处，往往潜藏着权力斗争。如果责任不明确，随之而来的便是即兴决策与争论不休，这些大多与灵活性和混乱无多大关系。当今经济的不可预测性带来了足够多的挑战以显示其自身的灵活性，不过若只是日常事务，情况还是较为缓和的。

★99.9% 的质量是不够的

另一种反对意见认为，这样的记录只适合于那些斤斤计较的完美主义者，那些能覆盖90% 的问题的解决方案能够应付绝大多数的情况。但杰夫·德华（Jeff

Dewar）曾经计算过工作达标到99.9%对美国来说意味着什么，以下是一些结果中的摘要：

- 每小时有16 000封信件丢失；
- 每年有20 000份开错的处方；
- 每小时有22 000次转账错误；
- 每星期有500次手术事故；
- 仅芝加哥奥黑尔机场，每天就发生两起非安全着陆事故。①

换句话说，事实上90%（甚至99%）达标是完全没问题的，直到你自己成为余下那些可能性的受害者。

4种形式的质量手册

不仅制定一份手册非常重要，媒介的选择也同样起着很大的作用。关键在于，员工们如何能够快捷地接触到那些记录。

1. 一本纸质手册

★打印出来的版本适合哪些人?

在一个几乎看不到电脑的企业，基于Word文档或者PDF文档打印出的质量手册始终有其意义。这本纸质的手册可以让所有信息集中在一个点或是复印好几份分布在不同的角落。在此，我马上就想到了诸如街边的面包房、理发店或者清洁公司这些服务行业。

比如，一份50~80页的文件足以让一家面包房对从供应商联络、配料订购到柜台设计及流程处理进行规

① 资料来源：Nach Jeff Dewar，OCI International，Red Bluff，California；im Netz unter www. shsu. edu/~mgt_ves/mgt481/lesson9/tsld029. htm。

划。将客户的预定或是投诉信息详尽地记录下来，归纳成目录是必需的，那对快速查找到信息是很有帮助的。如果公司希望参与并获得认证，那么其中还必须包括质量目标和质量方针。后面的例子能够更清晰地展现这样一份质量手册可以有的架构（见图4.1）。

内容 ………………………… 3
前言
我们的历史 ………………………… 5
我们的质量方针 ………………………… 11
　质量目标
企业的基本准则 ………………………… 15
　领导方针
我们的客户 ………………………… 19
　服务的基本准则
　客户咨询
　客户问卷
　投诉处理
员工 ………………………… 27
　选拔准则
　员工录用
　内部章程
我们的部门 ………………………… 35
　总组织结构图
部门1 ………………………… 42
　部门组织结构图
　团队
　职位描述
　过程
　清单
　样板
　表格
　图片信息
　……

图4.1　一本质量手册的目录

在此，所有的更新必须单独打印出来并进行替换，这些最好由一个人来经手和协调。在质量管理的术语中，这个人被称为质量管理代表。然而，在动态环境中，纸质手册的静态特性往往会成为弱点（详情请参见本章末的访谈）。

★要有专人负责

2. Windows（视窗）文件浏览器中的 Word 文档或是 PDF 文档

任何想通过电子方式提供信息的人，都可以使用 PDF 文档或许多单独的文档。如果通过打印版本传递信息，则会有一个明显的缺点：一旦有内容要更新就必须全部重新打印。

★独立文件的优缺点

同样，在这个模型中，许多创建者会将清单和模板设置为单独的文档。单独文档的优点是，你可以通过你熟悉的 Windows 资源管理器对其合理地调配、组织。只要确定了一种清晰而直观的排列结构，它就能够帮助你更为方便地找到信息。对于更为精确的文档控制来说（比如系统且合理地创建、审核、批准以及分发文档），这种简易的 Word 文档解决方案很容易出错，而且费时费力，在实际应用中也有其局限性。

任何更改必须通过电子邮件传达，只是无法判断别人是否已经知悉。这种解决方案的优点是，它无须进行额外的员工培训。

3. 内网的解决方案

公司内网中的质量手册可以通过 Word、PDF 或 Excel 等文档形式提供有关的信息。像 Visio（可以在 Office 程序包之外购买的一种微软的可视化程序）这

★一种选择：Visio

样的软件则允许你创建诸如流程图之类的图表。因为加入了权限控制，所以文件受控功能在此也得到了加强。然而，因为离不开邮件通信，审核及批准文档仍然很麻烦。为了避免文件的“繁殖”（参见上文的例子），最好能够委托一些有责任心的员工进行定期的更新。

★另外一种方案：SharePoint

另一个内网的解决方案是微软合作平台 SharePoint。微软为此提供了一个全面的文档控制程序。它能满足质量管理手册的一切要求，然而，它需要以比较复杂的方式进行编程，以此适应业务需求。这需要在事先对手册进行系统性的规划，使用者需要掌握深度的软件知识并接受多天相应的培训。详细内容请参考下一章中不同解决方案的概览列表。

4. 基于网络的手册（互联网解决方案）

★维基百科的局限

维基百科让大家在内容上协同工作并使更多人从知识中受益。这种草根式的民主精神必须适合你的企业，但它需要一种具有强烈信任感的文化，你要能够相信，每一个部门都会将相关的信息为大众进行可靠的记录并随时更新。维基百科也可不借助互联网而在本地网络（内网）中运行。

从技术角度上来看，在互联网上为大型团体提供、扩展以及更新信息，最简单的方法是使用维基百科。你可能对维基百科已经有所了解，它不仅让用户阅读，而且还允许用户自行参与修改和撰写新内容，对此，无须基础知识便能快速上手。然而，维基的这些百科知识一般展示方式是有限的（例如就流程而言），作为开放性系统，维基除了版本控制（即存档早期版本的文本）

外，还提供少量的文档控制选项。

维基百科是一种传统的内容管理系统（CMS），此外也有许多专门针对企业需求及质量管理要求的文档管理系统。我们在一个项目课题中研究了大约50种应用程序，并特别关注了这里面的10个程序，之后还集中测试了里面的4个程序（orgavision®、ConSense、BITqms和WissIntra®）。因为其物有所值，我们最后决定把orgavision® 植入我们自己的公司，并将其成功地介绍给了我们许多的客户。

★Qnigge® 检索的结果

orgavision® 是一个成熟的软件（至2013年已经拥有超过50 000位用户）。它能关联多种适合企业的系统性的文档控制演示的方式（组织结构图、流程图、插图、文本文件）。该程序可以很方便地导入并与各种微软办公应用程序进行匹配，而且它是专门为服务公司开发的。因为在用户界面上有熟悉的元素，所以它也很容易上手。

此外，通过orgavision® 创建的文档也可以用作质量管理手册，从而达到了一般质量标准对文件控制的要求。例如，它适用于DIN EN ISO 9001：2008（质量管理）、DIN EN ISO 19011：2011-12（审核管理）、DIN EN ISO 14000（环境管理）、绿色地球（Green Globe）、针对酒店以及活动主办方的VDR（德国旅游管理协会）认证以及为那些服务及旅游行业公司所制定的德国优质服务等级3等质量标准（Stufe 3）。[①]

★orgavision®：适合作为质量管理工具

由于文档间有链接，若要更新，只更改一处即可。例如，在文件夹A中更新了快捷方式目录后，其在文件

★数据的同步

① 资料来源：www. servicequalitaet-deutschland. de。

夹 B、C 以及 D 中也会自动更新。最终，该应用由于其多样的搜索功能被用作“公司的搜索引擎”，可以很方便地找到信息，以此来防止员工在手足无措时，自说自话地创建个人文档。

在网址 www. orgavision. qnigge. de 中可下载的试用版能够展示该程序在实际操作中的部分功能。orgavision® 不仅可作为文档记录，同时也是一个集成化的，且能够展示复杂过程的管理系统。从战略增值的角度来说，该应用强制用户在更改和审批时思考企业的流程及结构。基于互联网的手册有其额外的优势，它可以随时通过移动设备，如平板电脑或笔记本电脑访问。当在国外出差或工作的员工越多，可联网的工作手册对一个公司的意义就越大。

该用哪一种系统？—— 痛苦的抉择？

★选择时应该考虑哪些因素？

此处有一个概述各种利弊的列表，通过它你能更容易地决定如何对某一特定形式的文档进行记录。该列表的内容不能完全保证其完整性，你在浏览互联网的时候会发现许多可以记录以及可视化结构及流程的应用程序。如果搜寻“文档记录软件”或者“质量管理软件解决方案”，你还能找到更多的东西。特别是在制造行业，有许多除了我们详细介绍的 4 种系统之外的专业应用软件。然而，这些质量管理软件通常过于昂贵，特别是对中小类服务型公司来说（见表 4. 1、表 4. 2、表 4. 3、表 4. 4、表 4. 5）。

表 4.1　维基（内容管理系统）的优势与劣势

优势	劣势
• 任何人都可以创建一个文档 • 可以在内容中进行语义链接 • 结构可以根据企业需要以可变方式设计 • 版本管理可以使内容及变更让人更容易理解 • 可以基于网络或是在自己的计算机上进行操作（作为内部网或互联网版本）	• 需要购买软件许可证 • 文档之间没有关联 • 没有批准也没有针对文件控制的审核过程 • 只能有限制地使用流程图，而且还是文本形式 • 没有基于角色的权限管理 • 没有知识的控制和记录 • 无法对以文件形式储存的文档进行全文搜索

表 4.2　Visio（可视化软件）的优势与劣势

优势	劣势
• 能够非常灵活地创建流程图 • 使用该程序不必经历复杂的培训，用户几乎能非常直观地通过尝试/犯错来学习并掌握 • 可在 Word 文档中嵌入流程图表	• 对每位用户/计算机收取许可证费用（软件购买） • 只适用于流程图、流程概览以及组织机构图，此外没有其他特别功能（无文件控制、审核及批准流程，无可追溯性、无版本对比等）

表 4.3　Windows 浏览器（微软办公软件）的优势与劣势

优势	劣势
• 几乎无须额外的投资 • 任何人都可以设置任何类型的文档（也可删除） • 通过超链接就可以对内容进行语义链接（在条件允许的情况下） • 结构可以根据企业需要以可变方式设计 • 通常不需要任何额外的软件培训	和维基相类似： • 文档之间没有关联 • 没有批准也没有针对文件控制的审核过程 • 无流程图，只有文本（除非另外购买 Visio） • 没有基于角色的权限管理 • 没有知识的控制和记录

表 4.4 SharePoint（带有文档管理系统的微软合作平台）的优势与劣势

优势	劣势
• 具备人们对质量管理软件所期求的所有功能 • 可以方便地整合 Word、Excel 以及 PDF 文档 • 依照互联网中常用的模板来营造令人熟悉的使用环境 • 能够极好地与公司内网整合 • 可以从不同地点通过互联网来访问 • 可以通过免费许可证使用基本版 • 该系统可以在界面上完全匹配所谓的“企业识别” • 一个为质量管理、协作、沟通所设的平台，即一个综合管理系统，而不是平行世界 • 一劳永逸，因为它不使用专有的文件系统，而是标准文件 • 可以实现全文搜索和社交媒体功能（如文档分级） • 可使用 DMS（文档管理系统）的全部功能	• 若基本版的功能不够用，则需购买许可证（此费用为一次性投资） • 公司至少需要一位能够不受任何限制，得心应手地去配置 SharePoint 的专家，以此建立一套能用得上的“质量管理软件”（需要 3 天或者以上的培训时间） • 除了 SharePoint 专家外，还必须有一位拥有足够技能的人员在专家不在的时候提供支持 • 即使公司中已经有相应的知识，但还是需要花费很多时间去思考和编写程序，直到完成这一系统 • 在一份完美的解决方案被开发出来后，还需要额外的精力去编写一本手册，以便后来人理解该程序是如何编写的 • 这些服务提供商一般来说也对其标准解决方案（如 orgavision®）提供支持，在对 SharePoint 进行个别开发时需要内部机构的支持和维护

表 4.5 orgavision®（带有集成的质量手册的质量管理软件）的优势与劣势

优势	劣势
• orgavision® 集成了文档管理系统、可视化软件、CAQ	• 需要定期因许可证更新而投入额外的费用

续表

优势	劣势
软件[①]和内容管理系统的优点 • 流程和结构可以通过文字及流程图实现可视化，包括含有姓名以及职位链接的动态组织结构图（如“马克思·穆斯特曼，销售”） • 可以轻松导入微软办公软件（Word、PDF、Excel）文档，反之，orgavision® 的内容也可以转换为 PDF • 可以对所有内容进行语义链接 • 搜索功能可以把质量手册变成真正的“企业搜索引擎” • 所有 DIN EN ISO 9001：2008 中有关文件控制的要求都带有单独的审批流程 • 使用 orgavision® 的人，自然而然地会“符合标准”地工作 • 可以对不同版本进行存档、比对及管理 • 基于角色的权限管理 • 有特别的功能可以创建质量手册 • 基于网络的解决方案。所需要的仅是常见的浏览器（IE 浏览器、火狐浏览器、Chrome 浏览器），所以也不需要公司 IT 部门的特别支持 • 系统地控制及记录知识（有哪些人已经注意到了该文档） • 能够启用审核及措施管理功能（这些同样符合标准） • 可以以低成本方式先购买 3 份用户许可证使用软件，然后逐步将此系统扩展至其他的员工	• 应该至少留出一天的时间做培训，当然精通电脑的人也可以自学该程序，特别是当面前摆放着一份全面易懂的说明书的时候 • 审核管理的功能非常复杂，因为它必须满足所有符合标准的审计管理要求

① CAQ 即 Computer-Aided-Quality（计算机辅助质量）。换言之，计算机辅助的质量保证系统是质量管理的一个组成部分。

续表

优势	劣势
• 通过许可证可以进行程序的自动更新，迄今为止已有 50 000 名用户将自己的经验和期待融入未来的更新中	

大众的惯性——员工如何参与

★重点：好的技术条件

很多人不喜欢改变。否则，我们就不会几十年来不断地讨论变革管理。但是，如果员工不接受，再好的文档也没有什么用处。我们很快能够从客观角度出发说明一本质量手册在企业工作中作为实用工具的先决条件。下面几点对于大多数公司中的电子版质量手册有重要的意义：

- 一个逻辑极简单的整体架构；
- 一种以用户（而不是以 IT）为导向的架构；
- 一种适合作为“公司搜索引擎”的有效搜索功能，确保能够快速访问所要查找的信息；
- 一项最新的技术解决方案，包括在移动设备（如平板电脑或智能手机）上的可用性，并允许使用标准软件（比如微软的办公软件）直接交换文档。

★明确质量手册所带来的好处

然而，比这类技术标准更具决定性的是在引进质量手册方面的软性因素，这就取决于如何让员工从一开始就能参与进来。

斯文·弗莱克（Sven Flecke）在本章末尾的访谈中

说："把一个系统过度强加于员工之上，是起不了什么作用的。"他建议，不仅是部门主管，所有员工在质量手册项目启动的时候都应该被通知。最好是这份信息可以传递出在这种工具建立之后，可以减轻工作负担并节省时间的意思。

★明确责任

老式的教条理论说，如果你想达到目标，那么最好让那些被影响到的人成为参与者，这也就意味着：如果员工能够把他们的知识融入存档记录中，那么他们在工作中应用这些的可能性也会大大增加。要实现这一点，必须从一开始就考虑到访问权限以及谁可以设置、审核、更改和通过这一类问题。该手册使用者所提出的建议和批评也应被认真对待。

★把质量手册作为一切的源头

管理层的榜样作用已被多次提到，在此，它也同样适用。从具体意义上来说，只有当管理者躬行质量手册，他的员工才能长时间地追随；只有当管理者"教育"他的员工，不让其避重就轻地使用手册的时候，那些对此持有怀疑态度的人才会习惯使用这个工具。因此，在手册中储存的信息只能被定点找到，而不应在其他电子目录或纸质文件夹中被发现——我们必须消除那些相互竞争的系统。对于那些在质量手册中可以找到的，关于流程以及数据的问题，在具体操作时，应与手册的提法一致，而不是通过随意的解释来回答。因此，质量手册可以减轻管理人员的负担并增强员工的自我责任感。当然，这也需要将新的过程或信息及时录入手册中，而不是别处。当你说出"所有你所需要知道的，都在手册中"这句表明主旨思想的话时，其他人使用这本手册便成为理所当然的事情。

在开发和引入阶段，这样一本质量手册当然会耗费时间和金钱，每个公司要自己决定是否愿意投入。有些人认为这些耗费太高，而常常被忽略的是，这样的耗费不会在不明确的流程和缺少规范的环境下消失，通常是把这些代价都转移到改正错误及误解中去了。在此还是这样一个道理：好是远远不够的！

要点一览——质量手册

- 一本优秀的质量手册是给公司的一本说明书：它将公司如何处理重复的工作流程变得一目了然。
- 行之有效的记录流程可以减轻管理人员的负担，使员工能更加独立地工作。它可以防止知识丢失、设置标准、减少错误，并且方便培训新的员工。
- 质量标准，如 DIN ISO EN 9001 : 2008 需要一定的记录深度。
- 手册的核心内容包括常规信息（例如企业纲领、质量方针）、组织结构图、培训计划、过程描述、清单、重复性工作的模板、供填写的表格。如有必要，还可以加上照片或草图。
- 一般来说，质量手册是以书面纸张的形式，作为微软办公软件中的文档集合（通过 Windows 浏览器访问），它是内网解决方案（例如使用 SharePoint），或是基于网络的互联网手册（如维基百科、orgavision®等程序）。
- 对于大多数公司来说，（内网或是外网中的）电子手册是最现代化的解决方案，因为静态的纸质文档不够灵活。

- 每种文档记录软件都有其优缺点。选择时参考的标准可以是复杂性、培训耗费、文档受控的清晰程度、质量手册的可推广性、良好的搜索功能（适合作为“企业搜索引擎”）以及遵守质量标准（如 ISO 9001）。从这些方面来看，orgavision® 是值得推荐的系统。
- 每一本质量手册只有用得好才是好。因此，从一开始就应把员工融入其中，并不断地删除互相内耗的系统，在碰到问题时尽量用质量手册来解决。
- 在运用质量手册时，管理者要起到榜样的作用：只有当他们始终如一地将其贯彻在工作中时，员工才会同样去做。

—访谈—

orgavision® 在一家 150 人的企业中的应用

> 对话斯文·弗莱克
> 以及伍尔夫·莱恩哈特（Ulf Reinhardt）

你们使用 orgavision® 已经有多长时间了？为什么你们会选择这样一个记录系统？

斯文·弗莱克：我们使用 orgavision® 已经有两年半了。最初是从酒店前台开始实施，基本框架在 3 ~ 4 个月后就已经形成，之后便迅速被移植到其他部门。

伍尔夫·莱恩哈特：公司自身的活力是引进该系统的催化剂。这些年来，我们改变了很多，我们还不断谈到流程。此间经常出现这样的问题：最新的情况是什么来着？然而，如果我们自己都不清楚我们已经定义了什么，那么员工又该如何掌握新的流程呢？对核心流程进行存档记录是最起码的，所以在此我们无法通过电子邮件去进行沟通。

你们之前已经创建了 PDF 版本的员工记录，那为什么还要使用软件系统呢？

伍尔夫·莱恩哈特：PDF 版本作为一本初级手册并用来描述诸如使命宣言或是愿景是不错的，我们的员工对于手册的建立也投入了很多的热情，但它无法涉及正在不断更改的流程或是接口问题。

斯文·弗莱克：没有“生命力”是 PDF 文档的缺点。一项今天正确的流程在明天可能就会过时。读者在阅读 PDF 文档的时候，根本不知道所读的内容是否是最新的。

两年后的总结状况如何？对 orgavision® 的投资有回报吗？

斯文·弗莱克：这个问题不容易回答。一个很大的优势是，信息、流程、指导书如今都放在了一个地方，已经决定的内容不再有任何含糊之处。如今，对于在电脑前工作的员工来说，检索文档是习以为常的。对于没有电脑的员工，即使他们有一般的访问权限，我们也可以对其进行不同的处理。拥有一个以质量为本且有纪律的强大的管理团队对于成功来说是至关重要的。在此，信息只是通过 orgavision® 进行进一步传达。此外，我们必须要意识到，这个系统不是在浪费时间，恰恰相反，它在节省时间。总之，无论是对于店面还是员工来说，多年来，我们在稳步成长。客户对我们的评价在不断提高。我可以说，即便很难衡量，但是 orgavision® 一定对酒店的业绩做出了贡献。

事后看来，在引进该系统的时候有哪些意想不到的困难呢？

伍尔夫·莱恩哈特：挑战之一是必须说明其好处，之二是要唤起员工追求透明度和分享信息的意愿。通过清晰的文档记录可以随时检验和质疑。另外，一些优秀的部门主管有时也会跳起来问自己：我为什么要给别人找碴儿的机会？所以，每个人对信息的态度必须有所转变。如果信息被集中在一处，那么你就有义务自己想办法去获取，像“我不知道”之类的道歉则不再适用。当然，这些系统往往容不下细小的失误，而且也不是马上能够改变的。即使如此，我们必须明确一点：对于某些信息，orgavision® 只是一种应用工具，而不是某个部门或个人的“硬盘”。

斯文·弗莱克：事后我们发觉，在引进 orgavision® 的时候我们犯了个重大的错误。我们不想把这个系统强加在个人头上，而是让大家共同去开发，特别要去“感染”那些部门经理。如果在此处能够获得成功，那么他们就能把员工一起拉上船，因为我们这里拥有一种很不错的工具。但员工往往不知道，他的经理会抵触该系统。我们在引进该系统时，应该更加深入地把每一个员工从一开始就融入其中，文档记录的工作应该自下而上地展开。我们应该思考一下，以何种形式去“感染”我们的团队。

那后来对员工进行培训的情况如何呢?

伍尔夫·莱恩哈特: 如今,像 orgavision® 这样的软件已经不存在操作上的困难,对于其应用不需要特别的培训。如今,员工能够掌握这一软件是不足为奇的事情,如果发现困难,也可以去问别人,操作并不是障碍。

斯文·弗莱克: 更重要的是对于这个工具的认可。该系统一个很大的优势就是能确保安全。每一个员工都知道,这家企业是这样或者那样运作的,如果在文档记录中没有专门规定,那么我们也不要去另辟蹊径,反正我相信就是了。因此,我希望每位员工在查找信息的时候最终都可以自动追溯到文档记录那里。

orgavision® 适合作为管理工具吗?

斯文·弗莱克: orgavision® 是一款非常强大的工具。但是我们从思想上不能犯这样的错误,认为通过一个按钮就能管理整个公司。当设置完流程,建立起关系后,它是许多种可以用于管理的工具之一,然而,管理同样需要直接的沟通以及个人的魅力。

伍尔夫·莱恩哈特: 我们必须明白在公司中哪些信息可以通过何种方式进行最有效的沟通。电子邮件中那些你来我往、打乒乓球式的问题,我通过电话的方式直接解决了,这样我的邮件数量就减少了一半。但 orgavision® 并不适合作为日常的通信工具。举一个例子:我们对过去半年里更换过地毯的地方进行文档记录,但是,当在某处更换地毯的时候,我们会直接交流而不是通过 orgavision® 。

你们会给那些考虑系统性记录流程的公司哪些建议？

斯文·弗莱克：首先需事先想好，如何感染整个团队，也就是说让团队齐心协力。其次，必须明确想要把记录做到一个怎样的深度。有很多时候不应该去刨根问底，比如在酒店的餐厅里记录下每个点单，哪些是带酒的，哪些是不带的。服务依靠的是个人魅力！最后，你事先必须想好：哪些人会在那里积极地进行记录？你给予了员工哪些自由度？你需要调节的强度有多大？如果 orgavision® 还没有成为像脸书这样的，每个人都可以根据自己的意愿表达自己的想法的社交媒体，你就必须很明确地告诉员工："你们所掌握的那些如何管理这家企业的知识是很重要的，你们可以给公司注入生命力。"

伍尔夫·莱恩哈特：除此之外，在引进文档记录的时候要明确你有哪些要求。如果之前公司对质量以及沟通没有要求的话，你就可以去关注一下 orgavision® 。它不是把质量从"劣"提升至"良"的工具，而是把整个公司从"良"提高到"优"的一种手段。

斯文·弗莱克：我完全赞同。质量是无法通过优质的程序去获得的。

总结得非常好。最后提一个我们向其他受访者都提过的问题：近期有哪些服务体验给你们留下了深刻的印象？

斯文·弗莱克：这个在我人生中关于服务的故事已经有些年头了。我在一家著名的大型眼镜公司买了一副眼镜。三四个月之后，这副眼镜坏了，于是我想去换一副。那里的验光师直截了当地对我说："这种镜架已经没有了，您得挑副其他的。"我很恼火地离开了这家店，然后去了一家非常小的眼镜店。这家店的店主说：“让我试试看怎么能帮到您，您先让我打个电话联络一下。”两天后，她打电话给我：“弗莱克先生，这款镜架的确已经没有了。但是我花了很大功夫为您搞到了10副，如果您真的那么喜欢这种款式，我可以把它们放在店里做库存。当然，我卖给您只算一副的价钱，等您再次需要的时候，尽管到我这里来。”当我取完眼镜，准备付账的时候，店主说：“您不用付钱了，这副眼镜还在保修期内。”而后我便没有再去光顾过这家店了。一年之后，我真的又需要一副眼镜了。当我走进这家店的时候，店主微笑地对我说：“您好，弗莱克先生，您把眼镜又弄坏了？”以后，我只在这家店配眼镜。

伍尔夫·莱恩哈特：当然，这种服务体验没有最好，只有更好。最近一次积极的体验是在汽修方面——这个大家一般来说对服务保养评价不是很高的行当。我们接到了汽修厂的电话，让我们去做新车的第一次保养以及TUV检验。当我们把车开回家的时候，我一下子反应过来：这不可能，新车在3年以后才做第一次保养，而我们买了这辆车才两年。然后，我的妻子打电话给汽修厂，结果发现确是厂家的失误，他们没搞清就提前通知了我们。我当时想，和酒店行业不同，这事肯定就这么算了。而令我更加惊讶的是，我在之后的账单上清清楚楚地看到了致歉：“请原谅我们弄错了”，之后还有一句，“因此我们没有把机油的费用算进去”。

图 4.2　斯文·弗莱克

图 4.3　伍尔夫·莱恩哈特

斯文·弗莱克是吕讷堡 Bergström 酒店的主管，伍尔夫·莱恩哈特是该酒店的总经理。坐落于吕讷堡中心的这家酒店由一个历史悠久的磨坊、水塔和水库辉映而出。酒店拥有 125 间客房、咖啡厅、意大利日常小食坊以及“LünerMühle”餐厅。伍尔夫·莱恩哈特拥有酒店管理及企业经管硕士学历，并已在各中型酒店和服务公司出任总经理 15 年。斯文·弗莱克是酒店餐厅方面的专家，并已在私人酒店工作了 20 年。

第五步
给予并获得反馈

我们需要真诚的朋友以及顽固的敌人来完善自己。通过朋友的帮助以及同敌人斗争可以开阔我们的视野，认清我们的所作所为。

——第欧根尼

（约公元前405年~公元前320年，哲学家）

5

—案例—

- 在一家知名的四星级连锁酒店的前台发生了这么一席对话。

  年轻的酒店员工：您对一切都满意吗？

  客人：是的，只是床太软了。

  酒店员工（抬头做皱眉状）：这对您来说真是幸福的烦恼呵！

  在这个例子中，服务提供者一如既往地从客户那儿去获取如何提高服务质量的建议是件“好”事。然而，通过封闭式的提问来提升客户满意度的方法却值得商榷。在上面的情景中，客户自然不会觉得他的意见会被当回事儿，从而带着负面情绪离开酒店。显然，酒店只教会了员工如何去提问，却并没有交代员工如何进一步合理地同客户继续沟通。如此之“好”是远远不够的。

- “咱俩之间还得谈一次，我会在两个星期内找你！”在这位中型公关机构的团队经理眼中，同员工一年一度的谈话显然不具备优先权。对他来说，此类谈话如能嵌入他本来就已经很满的日程表内的话，便是再好不过的事情了。我想，他的员工应该很希望这种“随叫随到”式的谈话越早结束越好。管理层在工作之余，设法去同员工沟通本是件“好”事。但以这样的态度和方式完成的“好”，却是远远不够的。
- 如果你在抱怨为了寄一封挂号信而在邮局的一角等上半个小时，那么柜台的工作人员会温馨地提示你去拨打他们的服务热线：“因为那儿才受理这些事情，我们这里什么都做不了。”若你真就去拨打了该热线，立即会得到一种“惬意的惊喜”——服务热线的工作人员会非常细致地记录下你的不满，表达他们的同情。然而，接下来的6个星期则可用杳无音信来形容，直至你收到了一封标准格式的回复信件，信中对于客户的不满只字不提，反而一再标榜该机构所尽心提供的服务如何之“好”。可显然，如此之“好”是远远不够的。

★反馈信息作为控制服务质量的工具

第欧根尼在2 000年前所意识到的东西并没有完全植入当代人的心中——反馈信息是提升服务质量的重要手段。尤其是在社交网络时代，如何妥善地处理客户的反馈比以往任何时候都更为重要。若服务提供者不去理会他的客户，越来越多的人便会将他们的诉求转向社交媒体。

★社交网络时代的客户反馈

网络上有一桩由两位美国企业咨询师所炮制的经典案例。凌晨两点未能入住已确认过的客房，而前台员工对两人的遭遇又表现得十分漠然，此情此景令两人顿时怒不可遏。于是，他俩编纂了一部诙谐且略有诗意的PPT文稿《你们的酒店糟糕透了!》。发布后不久，仅在网站Slide Share上就获得了3万次的点击量。[1]而之后又有多少网友响应了他俩的请求，进一步转帖，只能由我们自己去推断了。博客、书籍及其他印刷传媒会忠实地记录此类投诉。即使在10年之后，我们也还能轻易地在网上寻找到当时的内容。在谷歌的搜索结果中，这条信息甚至会直接出现在酒店官网页面的下方。网络可不会健忘。对于把质量铭记于心的服务提供者来说，不仅要知道客户需要什么、不需要什么，而且在企业中建立一种行之有效的“反馈文化”，是取得共同进步的前提。本章会对此做进一步地阐述。

① 资料来源：http：//de. slideshare. net/politicsjunkie/yours-is-a-very-bad-hotel。

知道你的客户想要什么吗？

★客户是不可知的吗？

你听过这样一个故事吗：一对夫妻常年如此地分享着他们的早餐面包——男人取下面的一半，而女人则拿上面的那一半。直至他俩银婚纪念日前的某一天，女人终于鼓起勇气向她的丈夫坦诚："其实我倒是爱吃下面的那一半。"男人的回答更是令人大跌眼镜："上面那一块才是我的最爱。"亲爱的读者，你确定你同客户之间没有发生过相类似的情景吗？当你自以为是地认为客户的需求尽被你掌握的时候，实则差之毫厘，谬以千里。一提到每次坐火车时拿到的那很小一包的小熊软糖，我就气不打一处来——还有比这个更可笑的吗？难道会有其他坐头等座的乘客把这么一包糖视为所谓的附加服务吗？

反馈已被证明是弥补服务缺陷、获取改善意见以及与客户建立更紧密联系的有效工具。以下将会介绍一些无须进行大型市场调研，就能采集客户意见的方法。

客户追踪

市场调研大体上可分为定量调查和定性调查。前者调查范围广，且针对具有相当代表性的样本进行研究，后者则着重于详细探索个体意见。通过这两种渠道都能获得价值颇丰的客户意见。

焦点小组

★同客户直接对话

加强同客户的座谈是一种相对简单，却能更好地了解客户期望的途径。你可以邀请6～10位客户来公司参加一次座谈。如果你能创建出畅所欲言的氛围，并能够在围绕主旨的同时对谈话内容进行正确地激励，那么在一两个小时内你将收获价值不菲的建议。请像对待新客户那样对待你的老客户，虽然他们可能会有所侧重、更加尖锐地提出意见。创建焦点小组既适用于首次评估那些新的和刚筹划完毕的服务项目，也有助于分析那些存在已久的服务效果。

暗访

★穿上客户的鞋

暗访是一种在酒店行业、零售业、银行业、保险业包括在医院中普遍应用的调研方式。暗访在某些质量认证的评估中甚至是一个不可或缺的环节。在这一“神秘测试”中，专职调查员假扮成客户。在事后，他们基于自己全面的调查体验，给委托人提供一份专业的反馈。另外一个有趣的方法是，企业将员工扮为客户，并让其“穿上客户的鞋子”去走一走。这种方法特别适用于那些拥有众多家门店的公司，让一家分店的员工悄无声息地潜伏在另一家分店中。这种测试不仅能帮助企业发掘薄弱环节，而且同时能把员工那根“客户需求”的神经挑动起来。你最近一次用客户的视角去审视自己的报价是在什么时候？有没有在公司的网络平台上购过物或是拨打了客服热线？有没有让别人在店内直接给你提供过咨询？有没有自己去写过一份投诉信？

调查问卷

★获取书面的反馈

调查问卷是用来获取反馈最为简易的方法。你可以在提供服务之后，请客户做一下简短的书面评估。在一张条理清晰的问卷表中，客户可对各个方面从“非常好”到“不及格”进行量化评估。这种问卷表越短，他人愿意完成填写的概率就越高。请确保在表中留下些许空栏，以便让客户能够写些个人意见。偶尔有人会推荐用优惠券或是小礼物去鼓励客户来填写问卷，我个人对此持否定态度，因为这种“擦边球”很容易同“收买”混为一谈。个人的经验告诉我，只有当客户觉得别人对他的意见感兴趣的时候，他才会乐意去提供反馈。比如可以尝试同客户进行一下个别交流（“您的反馈对我们来说非常有价值，我可以占用您两分钟的时间吗?”）。情况允许的话，你可以让客户以自愿为前提提供他们的邮箱地址，以便能对他们的反馈及时做出反应。

净推荐值（NPS）

★在客户看来，值得推荐该服务吗?

“您把我们推荐给您的同事或者朋友的可能性有多大?”这个问题的背后是所谓“净推荐值”（Net Promoter Score）的概念。客户在购买产品或使用服务之后，可在0（“几乎不可能”）至10（“非常有可能”）之间打分。给出 9 ~ 10 分的客户属于“推荐者”，打 7 ~ 8 分的客户属于“被动者”，0 ~ 6 分的则是“批评者”。如果所有的客户无一例外地推荐该产品，则净推荐值为 100 分。80 分以上属于极好，最低可达到负 100 分[①]，出现这种情况的话，企业的产品在市场上几乎就卖不动了。

我们目前达到的分值为 74 分（76% 的推荐者打了 9 分和 10 分，2% 的批评者打了 6 分或者更低。76 - 2 = 74）。换言之，98% 的客户对我们的服务评价为“好”到“非常好”。当然，我们并不会因此而自满，因为，好是远远不够的！净推荐值是一种非常常见的指数。有人批评说，与其发明者弗雷德·莱谢特（Fred Reichelt）的初衷相反，净推荐值并没有与公司的成长挂钩，也没有对公司与客户的长期关系给出一个说法。[②]但是，净推荐值的亮点在于其简单性，它促进了对客户接受程度的评估。你可以把它看作一张客户满意度的晴雨表。在客户评价的背后，接踵而来的是对于一个问题的回答：“为了使您能够给我们一个接近于 10 分的评价，我们还能够在哪些方面进行改进？”

危机事故处理（CIT）和连续体验方法（SEM）

★仔细询问客户购买后的体验

相对于净推荐值给予的直接评论，下面的两种方法则更加深入。在危机事故处理中，经过培训的主持协调人会直接且详尽地询问单个客户在服务提供者处

---

① 资料来源：Sabine Hübner，Service macht den Unterschied. München：Redline Verlag 2009，hier：S. 145。

② 资料来源：Wikipedia，Artikel Net Promoter Score sowie Stefan Ruf，Würden Sie diese Methode einem Freund empfehlen?；http：//anovum.com/publikationen/VSMS_2007_CM_NPS_StefanRuf_anovum.pdf 可下载。

得到的“关键”体验（包括积极的和消极的）。连续体验方法则沿着整个服务流程，也就是所谓的客户路径，收集客户的体验并请求客户对他们的体验提供反馈意见。例如，服饰店的客户路径是从进入商店开始，接着是产品的展示、标识的介绍、销售人员给出的咨询、试穿衣物，最终在收银台结账。[①]这些调查问卷当然是十分烦琐的，因此会由一些专业的市场调研人员来执行。

表决

★通过非传统方式的客户调研

你也许知道思慕雪（Smoothies），一种彩色的水果饮料。今天你可以在每个超市找到这种饮料。该饮料的市场领军者 Innocent 公司诞生于 1998 年一场音乐节的客户表决活动。公司的创始人，3 位英国大学生购买了 750 欧元的水果，加工成果汁后提供给购买者，并让他们通过垃圾桶表决。“我们是否应该辞掉我们的工作转而去生产思慕雪?”两个垃圾桶上分别标有“Yes”和“No”。到了晚上，Yes 桶中明显升高的选票决定了该公司的开办，并就此开创了 Innocent 的历史。[②]专业的市场调研人可能会为这种行为抓狂。在此，我也不想诱导大家把对人生有重大影响的事件通过儿戏的方式去抉择。Innocent 的历史代表的是那些为让客户表达想法而采取的非传统方式。因此，为了能够获知客户想法，你要能够不拘一格！

① 资料来源：Mehr zu diesen Methoden bei Matthias Gouthier，Kundenbegeisterung durch Service Excellence. Berlin/Wien/Zürich：Beuth Verlag 2013，S. 75 ff。

② 资料来源：www. innocentdrinks. de/ueber_ uns/unsere-geschichte. php。

第二手资料

★其他人怎么说我们？

除了亲自观察和调研，你也必须关注来自社交媒体、评分及订票网站中的声音。哪些被特别作为正面例子强调、哪些饱受批评？你和竞争对手相比处在哪个位置？我推荐大家去谷歌上搜一下自己的公司，并看一下Qype、Dialo或者KennstDuEinen这些网站或是行业平台上发布的一些信息，这样可以针对一些歪曲不实的报道采取必要的行动（有关“在线贿赂”请参见后面的“互联网上的客户反馈”）。

★时刻注意自己的名声

如果你稍微了解网络，就能很快分辨出那些臭名昭著的专业差评师和真实的批评者。为什么不指定一位熟悉网络的员工去观察互联网，并将那些值得深思的客户反馈在部门会议上作为议题讨论？www. bewertungsportale. net上有那些点评网站的清单。如果网络上出现你的名字，则可以通过“Google Alerts”进行搜索，并通过邮件接收搜索结果。相应的搜索关键词可以在一分钟内设置完毕，并能够在调查报告以及媒体报道中对企业的名字进行搜索。①

如果你正在寻求认证或是追求获得其他的质量资质，那你无论如何都得去系统性地寻找并确认客户的需求，DIN EN ISO 9001∶2008对此有明确的要求。在每年的管理总结中必须分析文档记录，诸如以市场分析、客户满意度以及投诉分析等形式进行评估，以便能够据此做出可以更好发展的决定。那些致力于取得“德国服务质量奖章”（评判分为3个阶段）的人，可以先去看一下相关网站上所给出的一些标注，比如：

---

① 在谷歌网站选择“产品”一栏（www. google. de/intl/de/about/products）。

- “我们了解我们的客户群体，并对他们的特点、喜好及要求进行了详尽的归档记录。”
- “我们至少每年对客户的满意度进行一次调研，以便获悉可改善之处，并至少对某一部门的绩效进行评估。”
- “我们定期对公司进行适当的外部检验（暗访或是检查）。”①

★认证的其他要求

此外，3 阶段的认证系统认为员工满意度和领导质量是服务质量的先决条件，并且对此也进行了相应的问卷调查。

上面介绍的所有方法都可以帮助你擦亮眼睛，并继续敏锐地对待客户的需求。当然，这些愿望和喜好自然是不尽相同的。你不必取悦每一个人，但你应该知道并顾及核心目标群体的需求。德国电信运营商 Mobilcom-Debitel 的事例就说明了这有多重要。该公司的营销经理在《哈佛商业经理人》杂志中讲述了该案例给企业带来的经济效益。该运营商通过一项研究发现 70% 的客户喜爱廉价产品或者不愿意承担风险，于是它便在广告投入以及给客户咨询等方面尽量往这类客户群体靠拢。结果，“客户满意度以及合约率显著上升，后者约为 25%。”②我们重点强调“第三步”中所介绍的介于“体验”和“提供”服务之间的差距模型不是没有道理的。这种差距只能以一种方式加以克服——去重视客户的想法。

---

① 资料来源：Auszug aus Vorab-Check für die Zertifizierung nach ServiceQualität Deutschland（im Internet unter www. servicequalitaetdeutschland. de）。

② 资料来源：Kerstin Köder/Hardy Koth，Die Kundenversteher，in：Harvard Business Manager，Juni 2013，S. 37 ff.，hier：S. 43。

网络上的客户反馈

★互联网作为推荐人

根据德国电视一台和二台 2012 年的在线调查，75.9% 的德国人使用互联网，也就是说，除老人、小孩和婴儿，基本上每个人都上网。按照行业协会BITKOM的说法，几乎有 3/4 的用户活跃于社交网络[①]，仅脸书在德国就有超过 2 500 万的注册用户[②]。除了相互交流之外，许多人还使用网络去评价产品及服务，或是在购买之前去看看别人是如何评论的。在巴德洪内夫国际高等专业学院（IUBH）开展的问卷调查中，65% 的受访者在预定旅行行程前“一定”会先查阅别的客户的评价，28% 的人会“经常看”，88% 的受访者认为他们所看到的评论是“可信”或者“非常可信”的[③]。

★谨慎地对待网络上的意见

现实却是不同的。网络贿赂一直是媒体所报道的焦点。《法兰克福评论报》就发表过题为“警惕作假”的文章来提醒人们关于酒店评价被操纵的问题。《明镜周刊》认为有 30% 的产品评价是虚假的。[④]由公关公司捉刀代笔或是其他辅助性的评论很多也是来自竞争对手的散布，以期挑起事端。即使来自真实客户的评价也不总是公平的。例如，在柏林经营两家饭店的赫尔格·格策尔（Holger Görzel）认为：“无论是好是坏，每条评论都是完全主观的。哪怕你作为供货商尽了非常大的努力，

---

① 资料来源：www. ard-zdf-onlinestudie. de und www. bitkom. org（Artikel Daten und Fakten zu sozialen Netzwerken，17. 05. 2012）。

② 资料来源：http：//de. statista. com（dies ist der Stand vom März 2013）。

③ 资料来源：Stefan Sauer，Vorsicht Fälschung，in：Frankfurter Rundschau，15. 06. 2013，S. 14。

④ 资料来源：同上，以及 Firmen zahlen für positive Produktbewertungen，Spiegel online vom 30. 04. 2012。

你送出的东西也存在其任意性。”他提到了一群饿慌了的学生，因为饭店给的食物分量太少而在评分网站上打了低分，或是有的客人认为服务员长得不够漂亮。[①]当然，这样的现象并不能改变许多客户批评的合理性，以及这些评论对改善服务质量所带来的价值。

★针对互联网上客户反馈的一些建议

网络已经极大地增强了单个客户的力量：之前只能向邻居或者同事诉说的事情，现在可以分享给几百万人。互联网把世界变成了地球村。对于企业来说，机遇和风险并存——它们有机会同自己的客户近距离接触，但同时也有着因一些夸大其词的评论所带来名誉损害的风险。这里有一些如何处理网络反馈的建议。

- 时常跟进那些评分或者酒店预订网站上对于你的评价，并将客户意见针对你的服务进行评估。除了个别意见以及很多牢骚之外，你还会发现很多针对服务缺陷并对你很有意义的建议。
- 如果网站允许的话（比如酒店预订系统 HRS），请对不公正的批评进行回复。虽然这很难做到，但请保持客观公正，就事论事。
- 鼓励满意的客户去网络上发表评论，请他们说实话来保持你的可信度。
- 对于竞争者所操纵的评价请采取法律手段。当下，许多网站自己就已经非常警惕网络贿赂。
- 通过自己的脸书页面和客户取得联系。同你的客户进行开诚布公的对话。刻意地去打压差评往往会被客户群起而攻之。

---

① 资料来源：Thomas Ramge，Die Ignoranz der Masse，in：Brand eins Nr. 10，2010，S. 126 ff.，hier：S. 127 und S. 126。

- 给员工定下一份使用社交媒体的准则，让他们知道在何处以及在多大程度上允许他们代表公司表达意见。[①]
- 在你自己的网站中嵌入客户的评论。“客户联盟”提供了一项针对酒店行业的工具并带有对客户意见的相应评估。[②]

★目标：积极主动地对评论进行管理

客户联盟专家建议采用“积极主动的评估管理”，即在脸书等关键平台上与客户进行对话，发表评论，鼓励及分析评估，并加入谷歌+，以便改善自己在网络中的排名。[③]你的目标群体越精通互联网，你的产品将越多地在评分网站上出现，你通过网购或网络预定所获得的销售额将越高，那么问题也就越发迫切：我们是否有一个常规的流程来处理网上客户的评论呢？

★在（客户）实践中的例子

因为不管你是否愿意，你的客户总是在评估你。在我写这段话的时候，我的同事克里斯坦·加尔维茨（Cristián Gálvez）在脸书上写道：“由于工作的原因，我是 SIXT 租车公司的常客。差不多一年来（几乎）每次租车都给我带来了烦恼：有时，哪怕我在提车时已经上报了车上的损坏之处，但还车的时候，他们仍然认为是我损坏了车辆；有时他们认为我在还车的时候没有把油箱加满；有很多寄给我的账单常让我感到非常惊讶；在

① 行业协会 BITKOM 以及 BVDW 对社交媒体发表了有用的总结，可通过 www. sicher-im-netz. de/files/documents/unternehmen/BITKOM-SocialMediaGuidelines. pdf 以及 www. bvdw. org/presseserver/social_media_richtlinien_unternehmen/bvdw_social_media_leitfaden_unternehmen. pdf 下载。

② 资料来源：www. customer-alliance. de；柏林 Arte Luise 酒店的应用实例（www. luise-berlin. com）。

③ 资料来源：www. customer-alliance. com/downloads/whitepapers/Bewertungsmanagement. pdf 以及 www. customer-alliance. com/downloads/whitepapers/Google_White_Paper. pdf。

提车的时候，十次有九次我发现车上的损坏之处要比登记在册的多。这一切对我来说太耗费时间和精力了，是我倒霉还是你们大家也认为 SIXT 提供的服务质量不再有保证?”

克里斯坦在脸书上社交广泛，有超过 500 位的联系人（其中许多是培训师、讲师、主持人、媒体及商业人士，这些都是租车公司的潜在客户）。于是，这样就引发了一场生动的讨论。那些经常出差并有着相类似经历的人给出了不少建议，例如哪些 SIXT 的竞争对手能够提供更好的服务。如果一家企业不能够严肃对待这些声音，且没有对此进行回应，那么在这些问题聚集后，很快就会损害公司形象以及收入。

★通过智能手机发表的投诉及表扬

一家年轻的服务商 Honestly 提供了另一种方式来跟踪客户的意见。它将客户的反馈通过一个免费的应用程序加以收集。这家初创企业这样谈及这种非正式的反馈：通过这种方式，“终端客户可以快速而轻松地分享他们的意见，而不必与公司进行直接的交锋”。[①] 企业则可以直接回应批评，而不是在互联网上饱受谴责。Honestly 提供各种不同的模块来反馈评估。它的客户包括餐饮业、零售业、酒店、展会行业以及公共部门，与其类似的服务商还有脸书或者 Reqorder。[②]

只有带来效益的才会有效

★愤怒的客户会去继续寻找

ServiceBarometer 公司在谈及“以客户为导向”时说道：“公司不仅需要向客户询问其满意度，而且要培养

---

① 资料来源：Thorsten Panknin，Ganz ehrlich：Honestly ermöglicht Kundenfeedback per Smartphone-App；im Internet unter www. deutschestartups. de。

② 资料来源：www. honestly. de，www. feedbreak. de，www. reqorder. com。

员工从客户反馈中学习的能力，并将这些知识转化为适当的行动”。[1]如果合理的反馈没有带来结果，那么客户就有被愚弄之感，转而去寻找其他平台宣泄。只有像开篇案例中提到的，像德国邮政这样的垄断型企业才能对此毫无顾忌，毕竟，客户的不满所带来的后果是极其巨大的。这也就说明了为什么企业会失去客户：

- 1%的情况是因为死亡；
- 3%的情况是因为搬迁；
- 5%的情况是因为购买行为的转变；
- 9%的情况是因为定价的错误；
- 14%的情况是因为产品品质的下降；
- 68%的情况是因为服务品质。[2]

因此，企业值得去追踪客户的一言一行，例如像下面所说的去做。

★一家企业应该如何处理客户的反馈？

- 不要把客户问卷的结果直接往档案夹里一放，而是要对其进行认真的分析并且将其落实到日常的行动中去。因为好是远远不够的！
- 对客户投诉进行系统化的评估。例如汉莎航空的质量管理体系使用了一个名为“Cosmic”的应用程序。空乘人员可以通过此系统输入建议及投诉，与服务相关的数以千计的信息会由该程序转发给专门的部门，之

---

① 资料来源：www. servicebarometer. net/kundenmonitor/kundenorientierung. html。

② 资料来源：Servicequalität Deutschland in NRW，Präsentation von Dirk Weidemann（2012）. Im Netz unter www. mbwsv. nrw. de。

后，旅客便可获得直接的反馈。[①]

- 把针对客户满意度的一些指标参数（比如净推荐值）作为员工工作的设定目标以及奖金发放的基本标准。
- 让以服务为导向所进行的相应配置以及合理提升客户友好度发挥作用。
- 在客服领域尤其重视基于实践的再培训（比如在工作中进行针对性训练，而不是在会议室进行口头灌输）。
- 把真实可信的、无论是正面还是负面的评论在团队中进行讨论，并让大家共同学习。
- 让员工获得足够的决策空间，以便能够灵活地对待客户的投诉。

★员工必须遵守的准则

如何处理投诉是服务质量的试金石：你是只能够驾驶顺风船还是在天气状况不佳时仍然能够笑脸相迎的船长？请明确定义决策范围（例如，总体达到某个程度之前，员工可以自行决策），并且给出处理客户投诉的游戏规则。要让客户觉得投诉被认真地对待，员工就必须：

- 专注地倾听；
- 做笔记；
- 表达出感同身受；
- 能够接受客户在一开始倒出的苦水，而不将此视为人身攻击；
- 自己给出一个解决方案，如果超出了自身的决策范围，请确保客户能够尽快地获得一个解释并遵守所做出的承诺；

---

① 资料来源：Lufthansa Magazin 04/2009（Lernziel Perfektion－EinBeispielder Lufthansa）。

- 避免不该说的句子（“我不是负责这个的”“这在我们这里从来没有发生过”“这根本不可能”）；
- 如果确实做错了，请诚恳地道歉。

★不被珍视的价值：道歉

很多人都非常难以说出诸如“我对您的不适体验感到非常抱歉”或者“请原谅我们的失误”这样的道歉话。对大多数客户来说，一句正式的道歉往往和经济上的补偿同样重要。我怎么会知道这些的？因为我很确定，你在客户上次投诉的时候说出了我刚才想到的那句话。当你在圣诞节前夕拥挤繁忙的人流中，再次因为圣诞礼物的缺陷而去百货公司调换商品的时候，你不会对那种一言不发的、纯粹的调换感到满意。因为这样虽好，但还是远远不够的。通过一句简单的话，比如，“很抱歉还让您特地来一趟”，就很能够从服务上打动人心。因为这样的话并不是每个员工能够想到的，公司应该提高对情况的认识，并针对客户采取适当的做法。

★主动地去使用投诉悖论

这种付出是值得的，因为如果你能游刃有余地把投诉解决了，那么你将在一生中赢得这个客户。投诉悖论（Service recovery paradox）就证明了这一点：那些在投诉事件中得到良好及公平处理的客户，之后更会向别人推荐这家公司。[①]当下，众所周知，获得一个新客户所花的成本相对于维持一个老客户来说要高许多。而且正所谓，“好事不出门，恶事传千里”。据估计，只有 4% 的客户会真正去走投诉这条路，而每一位不满者会将他的

---

① 资料来源：Stefan Wünschmann，Beschwerdeverhalten und Kundenwert. Deutscher Universitätsverlag 2007，S. 83。

经历说给其他 10 个人听。[①]所以应该充分相信，投诉并非是令人不快的打扰因素，要把它作为加强客户忠诚和实现真正服务质量的机会。

在企业中形成一种反馈文化

★愿望和现实

“开放”、“尊重”、“以员工为中心”，当然还包括“合作”，这是许多企业在使命中所许诺的宗旨。然而，实际状况下却很少有公司能做到。如果没有反馈文化，就不可能形成质量文化。这不但关系到内部反馈，也涉及企业通过外界影响去做出系统评估的意愿。

领导同员工之间的反馈

想要员工做好，就必须告诉他们要去做什么。这句话听起来好像很多余，然而对于领导层的举止却有着很高的要求，因为它需要对错误进行建设性地处理，以及对于能力的赞赏和认可，同时还要有运行得当的反馈流程。

犯错文化

★不应该如何对待错误

错误是被掩盖还是得到改正？它会被作为一次学习机会，还是一个寻找责任者的契机？请回想一下，上次会议中所出现的一个失误，并想一下你当时的反应，那么你就找到了你们的犯错文化。一家将价值依托于（服务）质量的公司不能默默容忍工作中的错误。工作中的缺陷必须被提上议事日程，这也包括反馈意见。只有这样，下一

① 资料来源：Servicequalität Deutschland in NRW，Präsentation von Dirk Weidemann（2012）. Im Netz unter www. mbwsv. nrw. de。

次才会做得更好。同时，我们也能够借此改善因失误而被抹黑的企业形象。在孩提时代，我们就知道错误是尴尬且令人不快的。我们从中得到的是训斥和低分。如果在企业中也发生相似的情况，那么它就会堵塞改善的进程、阻碍创新，因为几乎没有人再敢于尝试探索新的领域。

★目标：一个面对未来的犯错文化

可以通过这样的方式来促进产生一种生生不息的错误文化。例如，那种替罪羊式的问题，“谁是罪魁祸首”可以替换成“我们如何在将来对其进行规避”。那些勇于承认错误，并在其中成长的管理人员对错误文化的形成起到了决定性的作用，也促使质量向前推进而非抑制。与良好的服务特别相关的是，如何识别那些反复导致服务故障的系统性的错误，比如信息传递中的对接问题。在质量管理框架内，流程优化同时也是一项重要的预防差错的工具。

提出批评的人，也必须懂得表扬

★必须做出真正的表扬

积极地反馈可促进相互关系，营造更好的企业氛围。盖洛普研究所针对积极的工作氛围所提出的关键问题——“我过去1天里的优秀工作是否得到了认可和表扬”，并非是毫无道理的（参见“第二步”）。这里的关键词是“优秀工作”。它并不要求一味唱赞歌，而是要对成绩做出具体的回应。每个人都能敏锐地察觉到，来自领导的表扬是诚恳可信还是敷衍了事。要真正做出有赞赏价值的表扬，我推荐分以下3步走。

（1）点明个人的优势

“在事态嘈杂迷茫的时候还能保持清醒，是我对你十分赞赏的一点。”

（2）摆事实或理由

“尽管昨天有那么多的顾客，你却仍然能将整个活动的进程把控得有条不紊。”

（3）提问题

“你是怎么做的？”

★能够欣赏别人

这样你可以表达出你的尊重以及发自内心的兴趣，对此也涉及盖洛普的另一个研究问题，即“是我的主管还是其他人对我所做的工作感兴趣？”任何能欣赏对方个人特质的人都为合作奠定了信任基础。只有少数人在日常生活中意识到，借助积极的关系，他们可以为良好的合作——因此也为质量，做很多事情。在研讨会上，我要求参加者回答两个问题。

（1）我和我的同事、领导、业务伙伴有着怎样的“关系”（一旦失去这些关系，我便不能成功地完成工作）？你可以每年画一张“关系网图”，在上面写上5～10位最重要的人（当然也可以更多，见图5.1）。

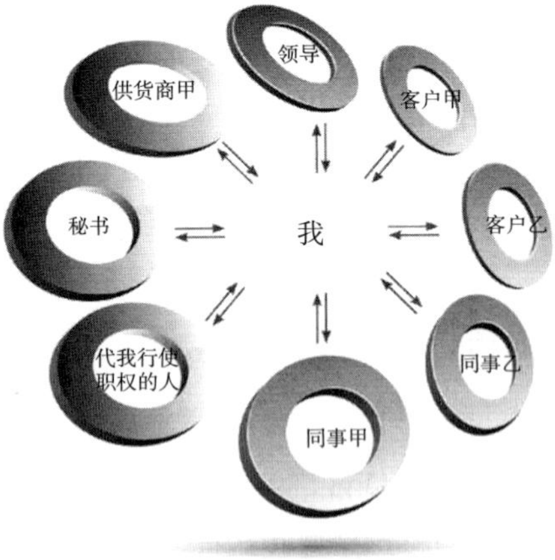

图5.1 关系网

（2）你从这些人这里得到了什么？你又给予了他们什么？建立一份收支平衡表并做出结算（见表5.1）。

表5.1　人际关系的收入与支出

面对我的上司	
我获得	**我给予的**
• 明确的指示 • 认可 • 定期的工作比对交流 • 项目预算 • 职责 • 决策空间 • 信任 • 关键的反馈 • ……	• 信任 • 对项目及预算定期进行进度报告 • 团队意见的反馈 • 创新 • 节省成本的建议 • ……
• 对于关系的评估：	• 从非常好到不足
• 我所缺乏的：	• …… • …… • ……
• 他/她可能缺乏的：	• …… • …… • ……

（3）请你做一下总结。从具体内容和情感两方面出发，这些关系该如何梳理？请问自己一个问题：当这种关系不再“奏效”时，将会对我的工作产生什么样的影响？如果某位员工辞职了呢？也许你会得出这样的结论：基于关系去工作是很重要的，因为一条来自一位已退休的经理的建议和我自己的经验教会了我：良好的关系比具体的内容更重要！只有当我们在生活和工作的网络中拥有了经得起考验的关系，我们和我们的团队，哪怕在困难时期，也能取得成功。定期的反馈和真诚的认

★能够看到别人

可有助于与你的关系网中的伙伴建立良好的联系，并成为个人成功的支柱。

反馈谈话

除了情境反馈，企业还能从系统反馈中受益。那些出生在1980年后的“Y世代”对那种每年一次的、无针对性的谈话很不满意。安德斯·帕蒙特（Anders Parment）在一项实证研究中发现，该群体中有近45%的人希望“尽可能频繁地”获得反馈，41%的人表示，“我想自己来决定多久获得一次反馈，当然，越频繁越好”。[1]同时，这些年轻人更具有流动性，在未达到自己要求的时候，更愿意换工作。一位毕马威（KPMG）的顾问在研究中发现，有多达1/3的年轻员工在开始工作的第一年中离开了公司。[2]

★反馈——对于领导来说同样适用

因此，领导质量也是有效反馈的一部分（参见“第二步”），因为在有针对性的谈话中使用一刀切的手段从来都不是一个好的解决办法。反馈并不是单向传播。那些想要标榜“公开且透明交流”的领导者，必须能够接受反馈。无论其好坏。这里我想顺便向大家介绍两种能够适用的系统反馈工具。

员工股指与360度测评

★基于员工的股票指数

顾名思义，员工股指（MAX）是指每位员工的指数

---

① 资料来源：Anders Parment，Die Generation Y-Mitarbeiter der Zukunft. Wiesbaden：Gabler Verlag 2009，hier：S. 111. Die Aussagen beruhen auf einem Fragebogen，der von 474 Studenten ausgefüllt wurde。

② 资料来源：Axel Gloger，Das Ende des Vorgesetzten，in：managerSeminare，Heft 183，Juni 2013，hier：S. 25。

会每月进行更新，由员工根据团队共同制定的标准进行自我评估。每一位员工在年初会获得 1 000 点的基本指数，指数的增减可基于以下的标准：

- 对于项目的责任感；
- 改善的建议；
- 主观的错误率；
- 准点率；
- 依照既定计划积极地按步骤工作；
- 诚恳厚道；
- 团队精神；
- 自我激励；
- 对企业的认同；
- 继续教育/再培训；
- 缺勤；
- 健康方面的因素，如吸烟/非吸烟或 BMI（身高体重指数）。[①]

★将自我感觉和别人的体会做对比

作为酒店行业中的成功者，克劳斯·科布耀是员工股指的发起人。他在他的 Schindlerhof 酒店中实施员工股指已有 10 年了，在本章最后的访谈中，他将介绍其得失。刚开始的时候，你会觉得，把每个人工作表现的“价值”作为股票来看是一件很奇怪的事情。而在再次审视的时候，员工股指就会表现出它是一种持续自我检查并定期反馈的明智工具。如果员工的自我评估和其上司对他的月度自我评估存在差异，我们就会进行讨论。

① 该标准目录的来源可在 www. m-a-x. de 网站上的《Was ist Max?》中找到。

高级管理人员也不能被排除在该系统之外，而且他们的评估会同时融入团队指数（TIX）以及公司或共同指数（CIX）中，所以在此处两个方向中都会得到反馈。甚至领导者有时还会被额外扣分（参见后文的访谈）。所有这一切只有在那种从根本上以开放和相互尊重为特点的企业中才能发挥作用，并且我们同样是非常注重业绩的。所以如果一家企业要想创建一种反馈文化，员工股指的作用不会体现在初期，而是在后期。①

★360 度测评：匿名的评估

到目前为止，约有 150 家公司正在使用员工股指，而 360 度测评的应用范围则更加广泛。在此，我们的主旨是将对于专业及管理层的反馈与不同机构（如同事、员工、主管、客户和业务合作伙伴）相捆绑，使其客观化。我们使用问卷所收集的外部信息会与有关人员的自我评估相比较，我们从最大程度上对被访者进行匿名。

★对这种工具的不同评估

对于这种工具的使用存在不同意见。例如，伦敦商学院的组织行为学教授罗布·戈斐（Rob Goffee），同时也是《你凭什么领导别人》（*Why Should Anyone Be Led by You*）这本书的作者，坚信“一个良好的360 度测评”是“培养管理层最有效的工具”。但赖因哈德·K. 施普伦格在多年前就点名批评了这种“完全监督的怪异魅力”。②他批评的重点是匿名性，这是一种在假想开放的幌子下工具化地管理员工的一种“隐匿的文化”。

---

① Klaus Kobjoll 以及 Markus Wiesmann 在其著作《MAX® - das Stimmungsbarometer. Mitarbeiterführung mit Werten und Zielen》（苏黎世 Orell Füssli Verlag，2012 年出版）中详细介绍了该方法。

② 资料来源：Rob Goffee im Interview unter dem Titel 360-Grad-Feedback ist das hilfreichste PE-Instrument，in：Wirtschaft + Weiterbildung 2/2011，S. 16 ff.，hier：S. 18；Reinhard K. Sprenger in：ders.，Aufstand des Individuums. Frankfurt：Campus Verlag 2000，S. 63 ff。

毫无疑问，每一种方法只有用得好才是真的好。对于360度测评来说，它需要那些与具体行为而不是实质或假定的人格特质有关的有效问卷。如果这被理解为有助于人才发展的工具，则应将其纳入讨论和培训项目中。我们也赞同罗布·戈斐的看法，并为我们的客户提供了一款不同且经济实惠的360度测评。调查问卷包含9类每类8个问题的全面反馈，涉及领导方式、个人个性或是销售行为。有关详细信息请上网参阅（feedback2you. qnigge. de）。

★关键在于如何执行

如果在重组变更项目以及裁员时期使用该方法，员工更多感受到的是威胁。360度测评同员工股指一样：它可以在开放、信任和相互尊重的文化中发挥作用，但其本身并不能造就这种文化。在不良气氛中，结果将不可避免地被竞争或恐惧所扭曲。

★先决条件：一种开放、尊重的企业文化

综上，反馈文化不能通过那种人事开发工具或者一键成型的理念来实行。要让反馈能够运作，则必须相互信任，只有存在信任，反馈才能成功。一个正式意义上的工具“只能”确保这个对个人或是集体发展而言的基本时刻不会陷于日常的压力之中。所有迄今为止所讨论的，是为达到服务质量的条件——明确的价值观，对此在人事任用时要谨慎地挑选个人生活动机、领导素质、明晰的标准和流程以及由此相对于员工的可捉摸性，通过由以实践为导向的企业文档记录而产生的透明性，皆为产生一种行而有效的反馈文化打下基础。

将自我感觉和别人的体会做对比

任何不允许反馈的人都不会促进任何发展。这不仅适用于个人，也适用于整个公司。令人惋惜的是，有时企业将认证审核视为不得不去经历的难关，只是希望能够获

★把认证当作契机

得自己想要的那个印章。那些从营销角度看待认证并为验厂审核人员离开而欣喜的人，是在白白浪费一个机会。

★审核建议

选择有说服力的标准并与同行业中有经验的审核人员合作。我和受访的专家克劳斯·科布耀以及迈克尔·维普勒的意见是一致的。DIN EN ISO 9001：2008 是基础标准，在其之上可以另行拓展（参见本章末尾的访谈）。欧洲品质管理基金会（European Foundation for Quality Management）的 EFQM 模型可以非常有效地扩展标准内容并持续进行质量管理，通过它可以进行全方位的自我评估，在审核人员验厂之前可以卓有成效地进行自我反馈。

要点一览——反馈

- 如果一家企业想要提高自己的服务质量，信息反馈是不可或缺的，无论该反馈是来自内部还是外部。
- 客户的反馈会带来不少的启发——客户的需求是否被满足以及他们对你的满意度如何。请时常同你的客户对话并思考你需要采取哪些进一步的措施。
- 注意社交媒体上对你的评价，并严肃对待所接收到的批评。
- 用你自己的社交媒体与客户交流，积极主动地对评价进行管理。
- 将投诉视为更加牢固地抓住客户的机会（“投诉悖论”），并相应地培训你的员工。
- 请通过建设性地处理错误来营造企业内行之有效的反馈文化。
- 认可成绩并通过表扬来激励员工。

- 不要将反馈拖到年会上再评说，要及时地回应。
- 企业中的反馈文化只能在信任及相互尊重的气氛下成长。
- 员工股指或是360度测评等工具并不能直接创造出企业的反馈文化，而仅是创造这一文化的前提。
- 通过评估认证和获得质验讫章，企业能得到来自专业人士的反馈。把这些仅仅理解为营销工具的企业，将白白浪费一个反馈机会。

—访谈—

员工股指：给员工的反馈

对话克劳斯·科布耀及马库斯·威斯曼

10年来，您把员工股指作为Schindlerhof酒店的系统性反馈工具，员工可以每月自行决定“股指”。员工股指给您的企业带来了什么样的变化？

克劳斯·科布耀：第一，自2003年1月1日引进了员工股指后，员工第一年的平均病假天数意想不到地从8天减少一半，变成了4天。那些医生们解释不了的，突发在星期五或是考试前的疾病，一下就明显地减少了，仅是由于病假天数在员工股指的统筹范围内。第二，企业在不断地切实改进，虽然此前我们收到的改进建议数量非常多，但是在第一年落实的比例就由68%增长到了81%，得到了显著的提高。第三，员工参加继续培训的比例有了增长。2003年我们这里70

人的团队参加了517天的继续培训课程，这些课程都是员工利用业余时间参加的。但也有一项有明显提高但不可测量的数据，那就是员工的自我责任意识。每个月让员工自我评估，从而让他们知道自己在就业市场上的价值。这也使他们的行为举止能够更加从职业角度出发，更加带有自我责任意识。

这是一种非常商业化的视角。

克劳斯·科布耀：只要有理有据，这些标准可以由员工自己决定。比如餐饮团队就希望以身高体重指数作为标准。我原本根本不会想到去选择这么一项，而自此以后我竟更严格地去约束自己，以控制我的身高体重指数。我们这家商务宾馆的服务部门有80%的女性员工，入住的客人中有80%是男性，所以服务团队在视觉上和谐不是没有道理的。当然这么说可能太直接了，但是这话却非常诚恳。

也就是说可以精确地进行评估？

克劳斯·科布耀：在上学的时候我们就知道，只有那些会被评估的东西大家才会去做。这一点我们在质量管理中也可以认识到。

这么来说，员工股指从本质上说是一种个人评估工具？

克劳斯·科布耀：不是，我们也对团队进行排名。甚至对于团队不断地进行评估。当部门间相互比较，看着谁赶超了谁，那么这就是一种不可战胜的自我激励。如果客房清洁人员超越了管理层，那么我就要对管理层的不足负责……

马库斯·威斯曼：员工股指可以应用在不同情况下。比如，我们在Schindlerhof酒店每月的排名中也公布每位员工的个人分值。也有其他企业通过只公布团队排名来激发部门间的竞争。

员工股指建立在员工自我评估的基础上。这种自我评估的可信度有多少？

克劳斯·科布耀：我作为企业家已经经营了44个年头了，我很清楚，如果过度放纵信任，你马上会被员工认为天真且易被利用，所以我们需要一项控制监督工具。这种监督虽是无形的，但必要的时候要能够被解释明白。员工股指是这么运作的：领导者会查看员工的自我评估，适当地添加或减去分数，但一定会给出理由。因此，当存在差异时，我们的控制手段就会显现出来。否则，整个过程就是在自说自话。

作为领导者，您还给予员工哪些其他形式的内部反馈吗？为什么？

克劳斯·科布耀：15年来，我们每年都在做大量的员工调查，包括360度测评。测评本身不是匿名的，因为我认为，每个愿意提出批评的人都应该做到对人对事。最后，问卷调查表会被送到我们的质量管理代表手中。他们会对其进行评估并告诉每一位领导者评价的结果，却不包括原因。因此，评估本身是被匿名的。除此之外，我们每年会去参加优秀工作场所（Great Place to Work）的评比。在此，我们无法影响员工如何去填写问卷以及填写的内容。2013年我们达成了98%的反馈率，在不分行业的500人以下的企业中被评为“德国最佳雇主”，此外我们连续5年获得酒店业中“欧洲最佳雇主”的称号。

目前，欧洲各地的企业都在使用员工股指，它们获得了哪些经验？

克劳斯·科布耀：我们把员工股指销售给了超过300家公司，其中的150家对其进行了广泛使用。为了使员工股指能够在公司中自行运作起来，该企业需要先有相应的文化与之匹配。这些包括公开、透明、非常信任、权力下放。就此而言，员工股指对一家已万事俱备的公司来说则是助航的东风。

马库斯·威斯曼：员工股指对于某一个分块也是有意义的。我们可以通过它来对年度对话进行优化，并推出8～10条能够共同接受的标准。

您如何在Schindlerhof酒店中保证服务质量？

克劳斯·科布耀：最近，我听了一位来自伦敦的教授关于服务问题的演讲，他的结论是，“细节决定成败”。这里所说的是在客户那里所维持的细节，而不是那些我们本来就应该具备的基本点。我们在Schindlerhof酒店中总结了100～150个细节并形成文字，这些细节涉及ISO标准的目录以及员工的工作描述。由此，我们就可以确保这些工作细节不是偶然发生的，而是长久持续的。这是第一阶段。第二阶段是开展一对一营销，为老客户提供个性化服务。我们通客户关系管理系统能够知道某位客户养了只狗以及狗的生日，这样在狗的生日当天我们可以送给它一根骨头。我们还可以知道哪些人喜欢打高尔夫、哪些人是素食主义者等。第三个阶段来自华特·迪士尼（Walt Disney）的观点，简言之，不仅让员工有所体验，而且他们可以从工作体验中获得有价值的经验。比如把我们的烹饪课堂和服务教学设置在日式庭院中。最重要的是，我们从拥有严格规则和定义的服务设计中解放了出来，而把重心放在了员工的个性上。在我们这里，没有人会收到书面的指令，每个人都应该去做适合他的事情。在试用期内，他可以阅览“工作手册”，看看同事们是如何处理某些事情的，他可以以此为借鉴，或者开发自己的一套东西。在试用期结束时，新员工的反应也会被收入这本手册中。这才是让我们收益最多之处。

保证服务质量的前提是一种已发展得很成熟的企业文化，对吗？

马库斯·威斯曼：这和聘用的员工也有关系。我们的文化是追求高绩效，在招聘时，我们也会寻找能够接受这种文化的员工。

克劳斯·科布耀：在一种以服务设计为特色的社会（比如美国）或企业文化中，我们的模型几乎是行不通的。它不能通过出售经销权进行移植，它所需要的是家族企业中流淌的传承的热血。

所以说对中型企业来说是好消息，而对大企业来说则是坏消息？

克劳斯·科布耀：来自百货业的数据显示，对于店面的管理来说，经理人不如个体户成功。职业经理人在公司的平均就职时间为 5 年，他们更看重自己的事业发展而较少对公司做长远的打算。但在另一方面，也有大公司的经理人说：“我无所谓总部怎么要求，我在我的部门中就这样贯彻。”只要他们能够取得成绩，公司也就睁一只眼，闭一只眼。文化只能在自己管辖的区域中进行改变，先决条件是，企业的首脑能够包容，并且他不会把质量管理手册当作权威指南。

这是什么意思？

克劳斯·科布耀：ISO 对于质量来说，只不过是一张助动车驾照，如果我连这个都没有，我根本就不可能去开法拉利。所以你在某个时候就得去超越这个范围。作为第一家酒店，Schindlerhof 在 1995 年通过了 ISO 9001，之后是 ISO 14001，紧接着是 EFQM 标准的认证。ISO 认证是我们进行一切进一步开发和结构优化的核心。好在我们全家的右脑都相当发达，这对此很有帮助。EFQM 让我们好似从机器中清除沙子，从而带来了收入的增长。但是，最后临门的那一脚，是我们需要转移到员工身上的能量和激情。大脑研究专家杰拉德· 胡特（Gerald Hüther）也说：“激情是任何东西都取代不了的。”你必须带上员工一起去打开这种自发的动力。这种方法在 150～200 位员工的公司中行得通，但对于 150～200 公里之外的第二家分部就不行了。

马库斯·威斯曼：我们注意到，在许多公司中都有一个认同，即哪怕缺乏专业人才，也要让员工更多地参与公司事务。这意味着，公司要有透明性。员工股指评分系统带来了基于沟通的透明性，因而也带来了信任和自信。

科布耀先生，作为服务行业的思想先驱，我想问您最后一个问题：有没有一种服务体验给您留下了深刻的印象？

克劳斯·科布耀：一直有。德国不是服务的“沙漠”，到处都有服务的“绿洲”。比如我一直在一家家族企业买车，哪怕我去那儿只问一个问题，他们也总会把我的车钥匙拿走，把我的车子洗得干干净净，让我开着回家。又比如我的税务顾问，他知道我喜欢喝纯咖啡并配上小饼干。平时你在他那里看不见小饼干，但只要我一到，桌子上总会放着一些。

图5.2　克劳斯·科布耀

图5.3　马库斯·威斯曼

克劳斯·科布耀是一位建立起10家公司的纯粹的企业家。他是获得过多个奖项的纽伦堡 Schindlerhof 酒店的创建者（此外，该酒店还9次获得过德国最佳会务酒店，3次路德维希·埃尔哈德奖、欧洲质量奖、EFQM 客户关注特别奖、EFQM 人力发展特别奖)。在他的倡导下，马库斯·威斯曼在乌尔里希·施艾普(Ulrich Scheiper) 教授［维尔茨堡—施韦因富特应用技术大学(FH Würzburg-Schweinfurt)］的支持下，自发地钻研出员工股指，简称 MAX。马库斯·威斯曼是经济学硕士以及 MAX 有限责任公司的总经理。克劳斯·科布耀作为企业咨询顾问和演说家在业界享有盛誉。他是德国演说家协会（GSA）的名人堂成员。

将认证作为反馈工具

对话迈克尔·维普勒

德国莱茵 TÜV 公司为企业提供 ISO 9001 认证服务。一些企业把认证视为营销手段。那么对企业来说如何视认证为反馈工具呢？

迈克尔·维普勒：事实上是有很多企业出于给自己打广告的目的而去认证。一方面，通过 ISO 9001 认证也是能在诸如汽配行业供货的一个门槛，在这个领域，没有通过认证的话，你根本接不到订单。当然，另一方面，也有其他的企业希望通过认证来改善它们的流程。在德国，第一种情况是比较普遍的，在国外则正好相反。原因可能是，我们认为我们国家有着明确规划的培训和资质认证，无论是否有认证，质量都会得到保证。公司从认证中所受益的程度最终取决于自身：那些希望通过最少的付出去通过认证，并且希望审核人员尽快离开的企业，多多少少地在质量管理这条路上走偏了。那些严肃认真地的以 DIN ISO 作为现代企业管理指南的公司，最终将在同行业竞争中获益。

专业验厂审核人员的反馈和那些影响公司管理的客户反馈相比有何区别？

迈克尔·维普勒：客户通常会对一个独特的，且往往是情绪化的事件做出反应。例如，他们对提新车时车身上的瑕疵感到愤慨。专业的审核人员给出的却是一张全面且饱满的“图片”，这张“图片”由超过1 000个单元构成并在客观上使总体更加平衡。这张图片已包含了一位审核人员从几百或是几千个认证案例中得到的经验。验厂审核人员就是经过培训后来识别、评估和提供专业数据的。他们可以就一般性、程序性上的错误给出提示，他们着眼的不是个例。如果认为在认证成功后客户就不会投诉了，那其实是一种误解，我们只不过是可以系统性地逐渐减少这些投诉而已。

认证可以为服务质量带来何种程度上的提高？

迈克尔·维普勒：服务质量也可以从系统错误的识别中受益。然而，传统的质量管理并不注重服务。服务的特殊性在于，它在提供的同时又立刻在被消耗。这里所关系到的是一份一次性的不可替代的客户体验，如果你因为服务差而对酒店不满，那么这种感受是不能弥补的，它不像实体产品那样可以退换。生产中的质量管理方法不能够机械地转移到服务中，为服务而专门开发的质量体系将在今后越发得到重视。

认证在今后还会有怎样的改变？

迈克尔·维普勒：第一，未来将会有更多针对具体行业的标准，例如，着重于旅游或卫生行业。德国莱茵TÜV公司为此开展了一批试点项目，而且在许多领域已经领先很多，比如，在卫生领域，我们现在已经对50个分标准进行了认证。ISO 9001虽然建立了一种能够被其他标准借鉴的基础，但它并非放之四海而皆准。第二，今后会有更多的综合审核，包括质量标准同环境管理和职业安全的结合等。对此，我们需要受过相应培训的审核人员。第三，越来越多的社会经济因素将影响到认证，如合规性或企业社会责任（CSR）。在国际范围内，比如针对工作环境，这些问题会变得越来越重要。

企业在决定做某项特定认证的时候应该注意些什么？

迈克尔·维普勒：在实践中，许多公司都遵循那些为审核做好准备的顾问的建议，在一般的情况下，如 ISO 9001，这也无可厚非。然而，如果一位企业的管理者想从认证的内容中获益，他应该注意审核人员对行业的了解。在诸如德国莱茵 TÜV 公司等一些大型的方案提供者中，有许多在专业领域各自为政的审核专家。同样，品牌、认证者的商誉也起到一定的作用：它的名字在国际上是不是响当当的？

认证是费钱费时的，您会对那些借投资回报率（ROI）说事儿的怀疑者说些什么？

迈克尔·维普勒：这个问题不怎么容易回答，因为首先必须弄清楚这项“投资”同什么有关。认证本身一般来说只占总成本的 20%，80% 是咨询费用，也就是认证前期的引导准备工作。除此之外必须制定精确的概念框架。对于一家汽配供货商来说，认证可以带给它价值几百万欧元的订单，认证带来的回报当然也很快。而在服务行业也有相应的指标参数可供参考，比如在酒店行业床位出租率就是一个可以引用的标准。认证是否能带来改变，取决于人们是否把握了这个流程优化的机会。

近期有哪些服务体验给您留下了深刻的印象？

迈克尔·维普勒：中国深圳的香格里拉大酒店的一次卓越服务给我留下了深刻的印象。从总经理接待到个性化配置的迷你吧，以及酒店所有工作人员称名道姓的问候，一切都是那么完美——整个流程没有任何漏洞。我特别注意到，总体的服务总是在一种准备就绪的状态，没有任何的强加或者胁迫。当然，我在那里有着商务贵宾的身份，你也可以问，这样的服务水准是否有必要？在德国，我希望能够有更多喜欢自己工作的员工投身服务领域，并积极地去感染客户，因为在德国，我往往缺少一种积极的消费体验。

图5.4　迈克尔·维普勒

迈克尔·维普勒自2012年起在德国莱茵TÜV公司（TÜV Rheinland AG）担任主管体系的常务副总裁并负责全球的认证事务。之前他在德国的认证行业中担任总经理。维普勒先生是于1992年在德国莱茵TÜV公司作为交通事业环境专员开始其职业生涯的，自1995年起他本人也参与质量及环境的验厂审核工作。

来自客户的反馈

对话赫尔格·莱泽维茨（Holger Leisewitz）

作为 VDR 认证的首席审核师，您多年来一直从事服务领域的质量工作。那么客户反馈在服务质量中扮演着什么样的角色呢？

赫尔格·莱泽维茨：在我看来，客户的反馈对于定位是不可或缺的，也就是说要解释这么一个问题："我们的服务定位在哪里？"一方面，这关系到改进的潜力，即能够指出工作中的不足。另一方面，获得客户的认可也是很重要的，因为它有着激励和刺激的作用。

您本身就是餐饮公司、航空公司等服务供应商的客户，从您的经验出发，这些公司会主动寻求客户反馈吗？

赫尔格·莱泽维茨：有，但是太少了——可能是出于对那些消极意见的恐惧，或者是因为它们不想受制于人。其实，反馈是一种免费的学习工具。此外，对反馈的要求也传达了这样的信息："我对你作为客户是否有良好的感觉很感兴趣。"因此，那些积极寻求反馈的公司会同时释放专业化和人性化的信号。

您是否有正面或反面的例子来说明您作为客户时所给出的反馈是如何得到处理的？

赫尔格·莱泽维茨：我没有极端的反面例子，当然，当我们没有觉得在作为客户时得到认真地对待，那么这自然而然会影响我们的购买行为。下一次我们就会问：“一定真的要再选择这家吗？”我的经验是，在一个领域竞争越少，客户想要提出建设性的批评就越困难。在激烈竞争的市场中，比如餐饮行业，企业会非常认真地对待来自客户的反馈。最终，总经理将会出席，并进行最后的讨论。

如今，每一个客户都可以轻松快捷地在互联网上发表评论，并广泛地在公众中传播评论，您对此有何看法？

赫尔格·莱泽维茨：对我来说数字媒体首先是一种减轻工作负担的工具。但它没有那种面对面交流所能够带来的价值。数字媒体中的评价往往转瞬即逝，它们是感性的并存在虚假风险。此外，网站上的评论也常被用作诽谤他人的武器，比如，有些人聚集在一起，对某人群起而攻之。许多人无法预见他们的言论在网上可能产生的后果，批评的声音往往会干涉他人的私人生活。因此，我反而非常赞成去进行面对面的沟通，即便这种沟通会存在时间成本。我们在每次活动后和我们的服务商进行事后分析的时候也是面对面沟通。

也就是说，哪怕有数字媒体，对您来说传统的直接沟通方式仍然有效？

赫尔格·莱泽维茨：不仅有效，而且很必要！就拿一份邮件来说，你不能完全掌握收件人是如何理解字里行间的意思的。我认为不断与客户保持直接对话是非常重要的。在面对面的交流中，你可以得到那些通过数字媒介永远无法取得的东西。在我看来，公司应该找到那些可以直接了解客户具体问题的平台，比如定期举行研讨活动，大家现在都在说的*TQM*（全面质量管理）就提供了很多好的经验。不幸的是，在许多公司中，这种与客户的对话在逐渐消失。

企业在将来还应该如何考量客户反馈？

赫尔格·莱泽维茨：迄今为止，拥有处理客户反馈的工作流程的企业还不到1/10。这种情况最好能够得到改变。除此之外，我建议去完善自己的工具，也就是说，想一下如何去获得准确的反馈。如果我们给我们的委托人一份意见反馈表，那么这份表格就会非常准确地提出和项目及成果相关的问题。在我看来，如果在意见反馈表上只有那些表情包选项，而没有填写个人意见之处，是不会有太大效果的。

最后还有一个我们向每一位受访者都提过的问题：近期有哪些服务体验给您留下了深刻的印象？

赫尔格·莱泽维茨：我一下很难举出一个例子。我认为这是因为我们的服务提供者一般都有很高的水准。在B2B（商对商）领域，我们作为客户也努力地去提供专业的简报，使供应商能相应地采取专业的行动。我们把服务提供商看作是与我们共同发展的伙伴。如果我们一直能够稳步向上而不后退，那么服务质量自然就提高了。

图 5.5　赫尔格·莱泽维茨

赫尔格·莱泽维茨是德国活动策划组织者协会的主席，该协会拥有600名会员。同时，他还是由BTME（商务旅行会议活动）所承办的VDR（德国旅游管理协会）认证的首席核验师。自1985年以来，作为拜尔斯道夫股份公司（Beiersdort AG）的会议及活动策划经理，他在集团内建立起一套会议及活动管理方案，以及集团内部会务服务体系。

第六步
推进创新

我们需要一个想法，剩下的几乎都是艰辛的劳动。

——罗勃特·库珀
（创新专家）

6

—案例—

- 在赛格威（Segway）的背后隐藏着我们这个时代最成功的发明家之一大卫·卡门（David Kamen）。《德国商报》称他是“美国的吉罗”（Gyro，迪士尼动画中的发明家）。怎么，你不知道赛格威是什么？这正是问题所在。卡门想通过这种电力驱动的立式滑轮进行一场交通革命，他预计每星期能够销售10 000辆这样的电动车。最终，他卖出了24 000辆，却并不是一个星期的销量，而是5年的销售总和。从技术上来说，赛格威非常棒，给人留下了很深刻的印象。它可以通过一个非常漂亮的按钮来启动，并配有一个复杂的电子平衡设备，只是，高调的8 000欧元的售价让人望洋兴叹。也许驾驶赛格威的时候并没有想象中的那么酷，技术人员的钻研固然是好事，可是，如果没有注意到客户的需求，这个项目就会存在缺陷。[1]

- 在一家饭店，服务人员非常友好地招呼我，带我到餐桌前，给了我一个 iPad。我知道了，原来菜单在 iPad 里面，当我把这个设备放在桌上指定的位置，那么我就可以查看菜单中的图片以及获取诸如菜肴配料等的一些信息，我的点单信息也可以直接传达到厨房。乍一看，这似乎是非常有新意的，也很容易使用。一开始我觉得这样挺好的，然而，时间长了，我便越来越怀念那种点单时的相互交谈。虽然传统的点单方式使下馆子时的那种高端大气的感觉黯淡了些，但好是远远不够的！
- 有一家初创公司，它始于一个运动鞋摊，其创始人是两名 25 岁左右的学生。该公司创建于 1998 年，之后经历了一个快速增长期并创造了许多新兴的服务理念。现在，该公司是世界上最著名的公司之一，股票市值达 1 940 亿欧元。[2]你可能已经猜到了，我说的是谷歌。而仅在公司成立 3 年后，当时 28 岁的拉里 · 佩奇（Larry Page）和 27 岁的谢尔盖 · 布林（Sergey Brin）就把一位经验丰富的经理人拉上了船，并任命他为首席执行官，他就是曾任职于 Novell 和 Sun 的埃里克 · 施密特（Eric Schmidt）。有一些伟大的想法是不错，但对成功来说，仅止于想法却是不够的。

---

① 资料来源：Jürgen Klückner，“Segway- Flop auf zwei Rödern”，www. handelsblatt. com（20. 09. 2010），und“Segway fährt völlig amBedarf vorbei”，www. spiegel. de > Karriere（22. 09. 2011）。

② 资料来源：www. heise. de（“Google überholtMicrosoftbeim Börsenwert”），2012 年 12 月 1 日。

创新与质量管理，这两者该如何匹配？一边是创造性的头脑在寻找绝妙的灵感，而另一边则是坚持遵守管理标准以及已被明确定义的流程。两者并非一般所想的那样，可以很好地兼容。一方面，“没有清晰的结构，创造就会遁入空虚”。这并非某一人随口所说，此言出自罗勃特·库珀，他是世界上杰出的创新研究人员之一。创新也必须得到管理，否则最好的想法也会成为一盘散沙。另一方面，质量管理和创新也是可以完美结合的：那些将标准流程尽在掌握并且应付日常事务绰绰有余的人，可以为创造新型理念赢得空间。在本章中，我们将分析相关服务创新及成功实施的案例。

★什么把创新和质量管理联系在一起?

“更快的马” 以及其他创新

★目标：跟踪潜在的客户愿望

如果你问客户他们想要什么，他们可能会回答“要一匹跑得更快的马”，亨利·福特（Henry Ford）曾经这么说过。这位汽车工业创始人点明了创新所遇问题的症结：首先，创新是一种前所未有的新鲜事物；其次，要考虑到创新成功的可能性。然而，并非所有的创新都能带来彻底的革命。战略组织及融资专家 A. 扬森（A. Jansen）认为，更常见的创新是那些细微的改善，既加强了与客户的联系，又给公司带来了利润。[①]

小步走还是大突破？

★激进或渐进的创新都可以

汽车、装配流水线、个人电脑、互联网，所有这些都是突破性的创新，它们改变了我们的生活方式并对经

① 资料来源：Stephan A. Jansen，“Vom Heureka！zum Hurra！”，in：Brandeins 06/2009，S. 132 f.，hier S. 133。

济发展起决定性作用。它们又被称为“激进”或“不连贯”的创新，通常以革命性的技术为基础。然而，在大多数公司的日常，这些突破性创新并没有起到主要作用，起作用的是那些不断优化现有的，也称为“连续”或“渐进式”的创新。这往往是一个如何更好地使用和完善新技术的问题。

★目标：跟踪潜在的客户愿望

因此，通过互联网开展的网上交易在近几年已被做物流起家的亚马逊稳步完善：使用更简化的订购系统1-Click® 、推出可让第三方参与的 Marketplace 平台、通过先进系统实现的客户评论与推荐（如“该客户还购买”功能）。亚马逊是渐进式创新的典范，也是在亿万美元销售额的企业中对现有不足持续改进的典范。

★电子化的完美是有限的

与此同时，亚马逊还是一个在服务创新方面的典范。作为服务商，它极大地方便了用户，并把数字化的订单、配送以及用户服务做到完美。即使没有同任何员工有过联系，许多用户几乎已经和这家网站发展出一种私人化的关系，或者说你尝试过打电话给亚马逊吗？2013 年 2 月，当亚马逊物流中心因工作环境所爆发出的愤怒呼声被公开的时候，那些一直以来喜欢亚马逊的人也产生了一些小小的失望。并不是所有东西都可以通过数字化而变得完美，就像本章开篇时使用平板电脑点餐的那家饭店的例子一样，用户始终是不可捉摸的。

★如何将创新进行归类？

激进型和渐进型创新之间的界限被不断突破，并能很快引发学术讨论：例如，智能手机是突破性的创新还是仅仅是手机本身的优化？当人们试图将“服务创新”的概念与技术或产品创新完全区分开来时，情况也变得同样复杂。从根本上来说，新型的服务通常不会与新兴的技术同时出现，比如智能手机上许多有用的应用程序，或者网络上的网上售票服务。通常（但并非一直）来说，正如电视购物，这种服务理念是电视机发明几十年后才产生的。

即使是研究的创新学者，在对创新下定义的时候也采用那种相对来说比较模糊的方式。一言以蔽之，“创新是人类问题的新型解决方案。有人发现，当某些事情做得并不如所想的那么好或那么快，或者没有达到其应有的正常或实用性，故而发展出了新东西。”这是维也纳经贸大学（WU）的尼克劳斯·弗兰克（Nikolaus Franke）的观点，他的主要研究领域之一包括企业家精神和创新管理。[①]

服务创新

★从客户的角度思考

客户的愿望及需求是随着时间的变化而变化的。所以服务品质不带有那种一蹴而就和刚性化的特征，而是持续性的。逆水行舟，不进则退。因此，使服务创新走上正轨的最重要的思考方向来自客户。

- 我们如何（更进一步地）方便我们的客户？
- 我们如何让客户觉得更加舒适？
- 哪些服务可以更快地开展？
- 我们如何帮我们的客户省时间？
- 我们如何帮我们的客户省钱？
- 哪些附加的服务可能会吸引我们的客户？
- 我们如何提高服务体验？

① 资料来源：Im Interview mit dem Titel，Neu ist gut，in：Brand eins 01/2013，S. 102 ff.，hier：S. 102。

- 我们可不可以让我们的服务更加个性化?
- 我们可不可以完善我们服务的标准化流程?
- 我们如何更好地满足我们的核心目标群体的需求?

只有客户用得到的那些创新，才有成功的可能。用处可以指物质上的、财务上的、时间上的或者也可以是感情上的。前文提到的那些问题不可避免地会被纳入服务的方针、想法。比如，一位牙医可以：

★针对牙医服务的一些好想法

- 在候诊室配置饮水机并接通互联网；
- 配置一间让孩子觉得亲切的诊疗室；
- 如果此约定的时间提前或推迟了半个小时以上，应该发短信告知；
- 每周，在某一天下午提供儿童托管服务，以便家长可以放心和轻松地接受治疗。

这些可以算作“创新”还是只是一些细小的服务改善？在此，我请你自己来回答这个问题。只要能够提高服务商的竞争力，那么这些措施就是值得的。服务创新恰好就能制造那样的惊喜瞬间，并使今后的服务品质可以长久维持在一个很高的层次上。正如上一章克劳斯·科布耀在访谈中所强调的：“细节决定一切。”客户需求及要求的多样性让我们重新回到了那种“更快、更高、更进一步”的一维理念：服务创新也能意味着提供少一些的服务。第一批引入经济实惠的Cut & Go项目，并让客户自己吹头发的那些发型师无疑是创新者。在酒店行业，连锁酒店A & O Furore 自 2000 年起开始提供多人房，并将每晚的住宿费降至6 欧元，目前它们已经拥有

★“细节决定成败”：（有时）少一些会带来更多

22 家门店。[1]而宜家（IKEA）也是依照这样的基本理念成为世界级的企业。

★回到根本上来

服务创新并不一定非要提供新的东西，它也可以是重回以前的服务理念。2005 年，壳牌（Shell）为第一批加油站配备了收费的加油维护服务。到 2010 年，德国 2 200家中的 1 000 家壳牌加油站提供了这项服务，包括擦拭挡风玻璃和油位检查。结果显而易见：每个月几乎有 100 万客户使用了这项服务，其中大多数人只需支付 1 欧元。该“创新”服务为这家石油企业带来了实实在在的效益，在每家“服务型加油站”中，最贵品种的油多卖了 4%，发动机润滑油的销售提高了 30%，同时也卖出了许多雨刷。[2]

★向往得到更多的服务

每家企业可以自己决定是服务多一点还是少一点。简而言之，解决方案也可以是两者兼而有之。例如，我开户的银行正在努力通过精简现场服务来促使客户了解网上银行业务，以至于在柜台上你甚至不能兑换钞票。我可以想象，一种按照 20 世纪模式开展的电子化客户服务将很快成为一个使银行有利可图的商业理念和服务模式。

★趋势：减速

对服务进行创新的频率并不一定是越快越好。比如，顾客习惯于在购买不超过 5 件物品时才去快速收银口结账，从客户需求的角度来看，这也是一种服务理念。与此同时，有一些超市却设置一些“慢速通道”，那里的收银员有更多时间同顾客闲聊，且慢悠悠地把东西包装好。这种所谓的“逛逛收银台”不仅在遥远的芬兰有，在瑞士

---

① 资料来源：Interview mit dem Gründer Oliver Winter unter dem Titel Eine Übernachtung kostet bei uns sechs Euro，in：Frankfurter Allgemeine Sonntagszeitung，23. 06. 2013，S. 21。

② 资料来源：Christian Sywottek，Entdecke die Goldader，in：Brand eins 10/2010，S. 92 ff。

Migros 超市也有。[1]这大概不仅让那些为无处不在的喧嚣而烦恼的顾客有了一个更好的心情，而且可以让那些赶时间的人对队伍前面的那些“闲人”少一些抱怨。

★在极性中思考

因此，我们必须学会对服务进行极性思考：新颖的和老式的、快的和慢的、标准的和个性的，所有这些对我们的客户群体来说都是非常有价值的创新。就像裁缝店，我们要为客户提供个性化的选择方案。比如 MyMuesli. de 可以让客户自己混合麦片，或者是 www. logowein. de 的客户可以给酒贴上自己的标签。这些所提供的选择可以在从最基本的服务到全方位的支持这个范围内发生。好比“路边摊”与“精品菜”，不同的服务类型都有其对应的细分市场。那么，服装设计公司什么时候会给虽富却忙的客户提供上门服务呢?

★技术上的服务创新

除了满足客户的这些要求，诸如更简洁、方便、节省成本、迅速及个性化，企业还应意识到技术是服务创新的一项重要的推动力。一个显而易见的问题是：哪些新技术适合公司内部的服务改进或能够提供全新的服务？这里有一些例子。

- 用在线售票来取代火车站的固定柜台、剧院或是歌剧院的售票处。
- 通过短信发送出租车信息，如乘客会被告知他所叫的出租车会在 3 分钟内到达。
- 在海报、广告、传单或是书籍中通过二维码来显示附加信息。
- 在酒店中把平板电脑作为“值勤协助者”——客人

---

① 资料来源：ServiceNews（Newsletter von ServiceQualität Deutschland）und Virgil Schmid，Spielend verkaufen. München：Redline 2013，S. 67。

可以在房间中通过使用平板电脑中所安装的应用程序，如地图、邮件地址来规划其出行（例如维也纳的 Hollmann 酒店）。[①]

- 德国铁路局的"Call a Bike"服务可以通过手机和互联网在众多城市内寻找最近的、可使用的自行车。
- 苹果应用商店内的移动支付摆脱了实体支付。
- 在出租车上提供电视服务，将平板电脑固定在副驾驶的头靠上，这样上班族可以随时通过"n-tv 新闻"或者其他频道获知最新信息。
- 将网络研讨会或视频会议作为新型的学习方式。

★不是每项技术革新都注定会成功

将服务创新和信息技术的进步联系在一起绝非偶然。毫无疑问，技术是给客户提供新型服务的最重要的动力。然而，在技术条件允许的情况下，是否所有东西都能够得到落实，则又另当别论。下面有两个服务产品较为不成功的例子。

- 谷歌眼镜是谷歌公司所研发的通过在眼镜玻璃边缘植入微型计算机来拍摄照片、搜索信息以及分享图片和资讯的全能眼镜。[②]
- 将汽车作为包裹站的 Cardrops ——一家比利时的服务商想把包裹直接放在购买人汽车的行李箱中。要实现该设想，则必须给这些汽车配备定位设备以确认位置，并通过一个代码来打开行李箱。[③]

---

① 资料来源：ServiceNews（Newsletter von ServiceQualität Deutschland）und Virgil Schmid，Spielend verkaufen. München：Redline 2013，S. 67。

② 资料来源：www. google. com/glass。

③ 资料来源：www. cardrops. com。

★客户的批评声

在开发阶段，谷歌自己宣称，它被想要测试眼镜的用户数量“淹没”，但这种眼镜的后续发展如何，还于有待观察。[1]对我来说，这着实有些怪异，或许也因为我这个人的古板思想已经无可救药了。同样，我也无法预测 Cardrops 是否真的可行。当《明镜周刊》对其进行在线报道的时候，引来了大量的评论。以下为一些评论的摘选。

- 为什么在每家的房屋前不设立一个包裹寄存处？（鉴于门前垃圾桶数量的稳步增长，这绝非是一个荒谬的想法）
- 如果收件人正坐在车里，而邮递员在递送包裹，他会紧追不舍吗？
- 谁给陌生人打开了方便之门？
- 肯定有一些偷车贼会感谢定位以及开锁密码带来的好处。
- 人们早已经可以在德国邮政局设置所谓的“车库递送”，也就是说在住户所拥有的区域将包裹放在一个“公共视线不能够达到的地方”。
- 对于不同的物流服务，我们也可以把加油站指定为送货地址。这是个绝佳的方案，加油站营业时间很长，当你在回家路上收到邮件说包裹已经到了的时候，你可以顺道去取。[2]

客户在网络上自发地讨论，并引出那些有趣的问题

① 资料来源：www. google. com/glass/start/how-to-get-one。

② 资料来源：Zustellservice Cardrops：Das Auto als Päckchenstation，Spiegel online，18. 03. 2013，im Internet unter www. spiegel. de > Auto；wörtliche Zitate sind gekennzeichnet，ansonsten ist der Grundtenor des Kommentars zusammengefasst。

★是有吸引力的想法吗？

以及展望，说明了并非所有来自研发部门的产品都会对（足够多的）客户产生吸引力。酒店为客户提供的在线入住办理服务是否可以改善？你是否注意到杜伊斯堡（Duisburg）的未来酒店（Future Hotel）中所安装的是来自卫浴设施企业 Klafs 的 Energybed 床？你是否会赞赏美国酒店连锁企业喜达屋（Starwood）为老客户所提供的 24 小时退房服务（如果你在下午 5 点办理入住，那么你也可以在第二天的下午 5 点退房）？①

像这样的问题会马上引出下面一个问题：如果很难预测企业中创新带来的成功，那么在早期阶段如何确定这些想法是否真的和开发部门所认为的一样完美？回想一下亨利·福特和他的马之疑惑：通过咨询客户来解决问题，有时似乎是一个坏主意。在后文中会对此有进一步的叙述。

发展并落实创新

★国家需要更多的创新！

“面临更短的产品生命周期以及更强的竞争压力，意味着企业必须加强创新。”来自丹麦的创新顾问斯特凡·林德加德（Stefan Lindegaard）如是说。Adobe 公司的首席策略师马克·兰德尔（Mark Randall）则表示，在将来，中层管理承担“让每个员工成为创新者的任务。”②这番话不仅适用于服务也适用于产品。但是，如

① 资料来源：www. futurehotel. de/de/Film. html（Energy-Bed，Handy-Check-in）；ServiceNews，a. a. O. （24 Std. Check-out）。

② 资料来源：Axel Gloger，Das Ende des Vorgesetzten，in：managerSeminare H. 183，Juni 2013，S. 30。

果认为这些说法要比使命宣言更有意义，还须根据实践结果来评判。

想法的产生

★创新需要时间

鼓励创新的企业文化为员工创造了动力。在此，我们想提一下谷歌。在这家明星公司中，员工每个星期有一天的时间可以用来“异想天开”，构思新的想法。谷歌新服务的稳步推出就是建立在这“20%规则”之上的。而这些并不是最近才有的，在3M公司也是这样，员工可以将自己15%的工作时间静心于研发自己的项目。“在一个过度追求控制的社会中，人们很难去思考那些非凡的创意。”3M公司的首席执行官乔治·巴克利（George Buckley）这样说道。[①]业绩的增长说明了一切：这家拥有80 000名员工的超级企业在过去的5年中有1/3的收入来自创新。

★以及自由的空间

创意需要休闲。那些拼命奔走于工作中，连日常事务都疲于应付的人，几乎没有开展创造性思维的可能。此外，我们也可以跳出正在实行的标准流程并对其本质进行观察。明智的质量管理间接地促进了创新。在你的公司中是否已经给员工创造出建立自身想法的自由空间了？

★什么激励了理念创造者？

一个鼓励创新的企业不仅能激发员工的创造理念，也能使他们的想法通过奖金或者赞赏的方式得到奖励，然而最重要的还是贯彻和落实。如果工作流程包含创造理念，那对那些想在日常工作中超越自身、突发奇想的人会大有好处。在本章末尾，设计思维学院（HPI School of Design Thinking）的乌尔里希·怀恩贝格

① 资料来源：Matthias Hannemann，Die Freischwimmer，in：Brand eins06/2011，Seite 94ff.，hier S. 96。

(Ulrich Weinberg) 教授将介绍这样一种方法。与美国创新研究员戴维·凯利 (David Kelley) 一致，怀恩贝格教授依靠跨学科团队提出一个大众性的问题，如何提高乘客在机场进行安全检查时的舒适感？到目前为止，这项服务被理解为自身的安全，而不是烦人的检查。

★创造一个激发灵感的环境

经验表明，那些由“外来和尚”组成的团队往往能够想出惊人的解决方案，大概是因为他们眼前没有那种“我们之前一直都是这样做的”式的蒙蔽。除了多样化的团队之外，创新专家还建议一种超越传统会议模式的，能够激发灵感的工作环境。在设计思维学院，各个小组准备了可供站立使用的桌子以及可推拉的幕墙，这不仅增加了可移动性，同时也激发了头脑的灵活性。这种模式也可以移植进企业中，如果要以新的方式来思考问题，则必须破除部门间的隔阂。当学徒、园丁、营销专家和大厨都在一条船上时，则可能出现一些专家们在思维定式中从未想到过的事情。

引发新想法的其他可能性还有以下几个。

★给创造性发明者的创造性想法

- 为员工提供能让他们偶尔走出日常工作的机会，比如参观展会或是其他大型会议。除了行业内的活动，还可以关注以创新为主题的活动。比如，每年在维也纳就会举办一次高水平的创新大会。
- 请你的员工向团队提出宝贵的建议。
- 提供一个在公司的内部网络中可以跨部门交换想法的平台。
- 请注意一下有积极意义的混搭：除了执行者、团队合作者和专家之外，你也应该在企业中给创新的“发明家”一个身份，也就是那些勇于冒险且对新奇事物感兴趣的人。“如果每个人都一样且想法一致，那么就鲜有进步。”人力资源专家马库斯·布兰德在前文的访谈中如是说（该访谈中还提到更多关于团队角色的论述）。

- 考虑与合作伙伴公司或外国分支机构的交流计划是否可以对员工提供有价值的建议。
- 在公司中辟出一些空间，这样你们可以在轻松和非正式的气氛中进行交流。在午饭时间或是休息区的厨房里可能会产生比一些会议更多的好点子。
- 从其他行业获得启发——有哪些想法是互通的？来自其他领域的服务创意包括从廉价酒店宜必思门前那种在加油站经常看到的价格牌，到不断给客户寄新袜子的Sockenabo公司。
- 通过社交媒体，例如脸书展开客户间的理念创新竞赛，并对客户的意见进行评估及表彰。
- 让国外的竞争对手给予你启发。在法国、英国、日本或者美国的想法或许也可以运用在德国市场。
- 参与一项趋势观察活动或是访问一个在该行业引领潮流的国家。
- 与大学合作，让学生处理项目中的问题。
- 把企业中的好的想法公开化。这是对提出人的认可及对他人的鼓励。

对创新的实施

★实现想法的六阶段模型

进一步拓展想法是一方面，而另一方面则是对其进行测试并执行。没有什么比那些创新失败的经历更令人沮丧了。为了避免这种情况，设计思维学院中的人采用了一种六阶段模型以便将想法贯彻到底。

(1) 理解(对问题进行确切地描述)。

(2) 观察(对课题以及迄今为止的解决方案进行全面检索)。

(3) 定义观察角度(一起对检索结果进行评估分析以及权重配比)。

(4) 发明(集思广益)。

(5) 可视化/开发原型(通过图纸、模型或者在服务行业中通过角色扮演将解决方案具体化)。

(6) 测试(模拟今后的用户,识别其优缺点)。[①]

这些步骤不是严格的按部就班地执行,而是去“反复地”理解,也就是说,当后续步骤需要,就要回过头来不断地进行新的检索、评估、原型打样和测试。

★测试阶段非常重要

这也印证了托马斯·爱迪生的名言:“天才是1%的灵感加上99%的汗水。”创新实际上是一项艰巨的工作,一项创意的实现要经过一个系统化的过程。一方面,这样可以拓宽视野并看到许多其他的可能性;另一方面,不至于在模糊中迷失自我,反而能将所选的方案更加具体化,以便能够对其实用性进行测试。然而,我们也不能把测试阶段看得过于重要。它所给出的第一个线索是,这些所开发的服务理念是否已经存在或者说是否在实际中已经满足了那些至今没有意识到的客户需求。

★实验室中的测试阶段

除了角色扮演以及情景演示,我们也可以进行虚拟化模拟。弗劳恩霍夫劳动经济及组织机构研究所(Fraunhofer IAO)开发了可以为企业提供审批新型服务理念的 ServLab(一款应用软件)。在实际操作中,该项

---

① 有关该课题的一份报告,可通过 http://blogs. btk-fh. de/experimentalworkshop/files/2010/06/DesignThinkingVortrag_05_10. pdf 下载。

目可以加快不论手工作坊中的客户问询还是餐饮业中新理念的尝试所需要的各种进程（www. servlab. eu）。学院院长迪特·施巴特（Dieter Spath）承诺，这种方法可以避免“产品投入市场后再去优化时的昂贵费用”。[①]

★原型机：新的创意可以通过模型来体现

UnternehmerTUM 是一家创业及创新中心。它的原型机物美价廉，可以用来测试有创意的产品及服务，除此之外还能融合不同的方法，将新的想法以实物方式模拟出来。比如通过乐高积木，它把一项为单亲家长及他们的子女办理登机服务的创意做了进一步的开发和修改。负责“创新和原型”部门的伯恩哈德·多尔（Bernhard Doll）强调，用纸板制作简单的插图和模型，或是使用乐高积木往往能够带来比 PPT 演示文档中的列表更深刻的认识。这里的原型机并不同于机械制造领域，它不仅是批量生产的前奏，而且同最终的结果有着粗略的近似。[②]在选定的领域（部门、分店或是报价）对服务理念进行测试也是一种明智的选择，且能够降低不良投资的风险。

★决策之门：门径管理概要® 模型

同设计思想学院相类似，加拿大学者罗勃特·库珀也在宣传一项有序的创新过程。他的门径管理概要® 的特别之处在于：创新过程会直接扎根于公司的实践中。库珀还强调了跨学科团队在创意时针对分析、业务案例、产品开发、测试和最终产品审批以及市场发布方面的一系列明确的顺序，各个阶段都通过不同的“决策

① 资料来源：Ralf Reichwald u. a. , Service-Innovation. Hrsg. Vom Center for Leading Innovation und Cooperation（CLIC Executive Briefing No. 001）im Internet unter http：//clicresearch. org/innovationsforen/1service-innovation-fin. pdf，hier S. 11。

② 资料来源：同上。

门”隔开。

★库珀的成功理念

这样的“门”可迫使担负责任的管理团队根据预先确定的标准，明确决定是否采取下一步措施。库珀主张，将众多的创意带至检验点或者“门”处，并用一种有约束的方式来测试它们的质量。

那些特别具有创新能力的公司能够在市场中时常落实新型且可行的想法，按照它们的成功经验，库珀把这些总结为：

- 一个“应该被确定下来的流程”（谁应在哪个位置完成什么？按照哪些标准来决定是取消还是继续？谁来负责?）；
- 明晰的“决策点”；
- 从一些有选择的、细化的想法以及“来自不同部门的员工的团队”开始。

★一份明确定义的流程可以促进创新

经济杂志《Brand eins》将其方法恰当地转化为模型“理念 + 规则 + 规划”。[1]库珀在他的书中详细描写了他的新产品开发方法［《产品开发中的最好或最差》(Top oder Flop in der Produktent wicklung)］。[2]然而，在这本书中，我没有看到该模型同服务创新之间的联系。这必然导致一个问题，一家企业除了拥有对待创新的友好气氛、合适的员工以及给予思考的自由，它们是否也需要一份明确定义的创新发展的流程?

---

① 资料来源：Überschrift eines Interviews mit Robert Cooper，in：Brand eins 10/2003，S. 166 ff。

② 资料来源：Weinheim：Wiley Verlag 2010。

要点一览——创新

- 激进的创新是非常少见的，它通常与新兴技术挂钩。在企业实践中，渐进式创新即持续优化发挥着更重要的作用。
- 创新需要双管齐下：好的想法和一个有条理的理念测试和实施过程。
- 创新和质量管理不是对立的，而是联系在一起的，因为：
  1. （服务）质量需要不断地改进，同时也需要创新；
  2. 成功的质量管理确保了标准流程的运作，从而为新的理念创造了空间；
  3. 如果不想把想法白白浪费，就需要在创新管理中拥有明确的流程和标准。
- 服务创新往往以技术革新为基础。今天，新兴信息技术的应用在此起着关键的作用。
- 好的创意源于企业对创新友好的文化、休闲式的思维、跨学科团队以及开放性。
- 外部世界所带来的动力（比如展会、旅行、趋势观察、对其他行业的观察）。
- 创新的流程模型可以是设计思维学院（波茨坦）的六阶段模型，或者是罗勃特·库珀的门径管理概要® 模型。
- 成功的创新者往往会想着客户。创新必须为客户提供物质、时间、金钱或情感上的好处。
- 服务创新的成功很难预测。原型机研究、虚拟演示（ServLab）、早期征求客户意见以及在定点项目中的测试都可以帮助企业避免失败。

— 访谈 —

创新是可以学习的吗？

对话乌尔里希·怀恩贝格教授

在学校的网站上，您所主持的“设计思维”课程被译作“创造性的发展”，这是什么意思？

怀恩贝格教授：“设计思维”这个词是由美国斯坦福大学的教授戴维·凯利所创造，目的是希望能将创新作为常态融入日常工作中去。我们把它翻译为“创造性的发展”，因为在德语中“Design”往往是另一个意思，比如玻璃杯、桌子以及网站等消费品的设计。我们所理解的创新是一个永久性的思考，无论是工人、部门经理，还是企业的主管，他们都要去想如何改善自己的工作环境。自从互联网问世以来，随着业务领域的数字化，我们正承受着不断变化且源源不断的压力。每个人都感受到这种压力，但许多人也渴望把新事物带入这个世界。

我们真的可以通过学习把自己变得“创新”吗？

怀恩贝格教授：我们每学期都有 16 个学生项目，覆盖范围从初创企业到 NGO（非政府机构）以及大型企业。这些项目带来了惊人的结果。我们依靠三个核心元素。第一，我们不再专注于个人而是整个团队的表现。我们发现，特别是在问题比较复杂的情况下，最佳的方案不是求助于专家，而是把有明显不同技能的人聚集在一起。这样，对于那些乍一看似乎无法解决的问题，就会带来令人惊叹的解答。例如：如何使机场安检对旅客来说更加舒适，但同时又能提高安检的标准？一个由心理学家、社会学家、商业经济学家和计算机科学家组成的团队已经研究出一种方法，结果让那些经常一起开碰头会议的联邦警察、机场和安全公司的专家感到惊讶和兴奋。第二，我们引入一个流程，它可以让团队对每一个人的整体表现——不仅是分析能力，而且也包括那些经常被忽视的直觉性创新技能进行查询。这种在设计或建筑学领域应用广泛的流程由6步组成：（1）理解；（2）观察；（3）定义观点；（4）对想法进行开展；（5）草拟原型；（6）测试。第三，我们通过添置那张放在这里的站桌（您刚进来的时候就对其感到很惊讶），以及滚动白板创造了一种空间上的氛围，通过提供更多的活力，来支持创造性的过程。我们发现，站立状态能够更加促进交流和流动，而这些组合家具是我们同柏林的一家公司自主开发的。以上这三个要素，我们将其视为创新的引擎。

那么这样有效吗？

怀恩贝格教授：我们这儿有来自20多个国家的120位学生已经通过这种方法解决了很多人无法单独去解决的问题。比如说，当一个机场安装了我们这里开发的新型安全系统的原型机，并立即委托进一步的项目时，创造性的自信心就会增长。通过我们的方法，我们成功地应对了范式思维的转变。

这怎么理解？

怀恩贝格教授：传统的、结构严谨地处理知识的方式已经不再适用于“谷歌”时代了。前者太慢，太缺乏灵活性。我们的大脑可以接受比从 A 到 Z 的线性结构之外更多的东西。它展开联想，渴望学习，能够不断发展，从而应对新的挑战。在新世界中，要保持健康发展，你不能再按照旧思维来行走。然而，中小学以及高等学府仍然强烈地倾向于布罗克豪斯[①]（Brockhaus）式的思维。

“创新”听起来像是一个突破。对您来说什么是“创新”？

怀恩贝格教授：光有好的想法是不够的。这些想法必须要能够得到落实，让人们能够看到这是一种创新。在服务领域中，我们所经手的项目出现了两项创新：麦德龙（Metro）刚开发出类似于包裹寄存站的购物提购站的原型式样；敦豪快递（DHL）最近在瑞典开展了一项名为“myways”的包裹递送服务。这个项目是源于我们大一时的一个叫作“Bringbuddy”的想法。我们同西门子公司正在一起研究多式联运，也就是说，在一定时间内如何选择最佳路径来到达指定地方。这包括对不同运输系统的巧妙组合，以及各种客户可以使用的、友好的计算方式。

您对那些希望更多创新以及对服务不断改进的中小型公司有何建议？

怀恩贝格教授：我给中小企业的建议无外乎都是那些我

① 布罗克豪斯（Friedrich Arnold Brockhaus，1772—1823），德国出版商，采用小条目和明确的条目编法编辑百科全书。——编者注

们做过的事情，它们应该注意如何处理以下 3 个要素：人、流程以及地点。也就是说，你要问自己：我们的团队中存在多样性吗？我们有以团队为导向的文化吗？如果没有，我们怎么去营造它？此外，我们有哪些流程？我们是否让团队成员有机会在一年中可以多次自由地去开发他们的想法？我们是否提供了团队合作以及可以创造性工作的空间？我们经常被请求给那些正在设立框架结构的公司出谋划策，于是我们就成为创造性流程的实现者。创新的实质已在组织架构中扎根，管理层需要对员工创造性的解决能力给予更多的信赖。

近期有哪些服务体验给您留下了深刻的印象？

怀恩贝格教授：我想到了柏林爱乐乐团的交响乐手机应用软件，它可以让你下载音乐会，观看诸如对西蒙·拉特尔（Simon Rattle）的访谈，甚至可以观赏整场音乐会的实况转播。如果你在客厅里放上投影仪，那就简直等于把音乐厅搬入自己家中。一个高水平的古典乐团能够有的放矢地使用数字媒体，这令我感到十分兴奋，于是，我马上就订阅了。

图 6.1　乌尔里希·怀恩贝格

乌尔里希·怀恩贝格教授自 2007 年起一直领导着波茨坦哈斯欧·普拉特纳研究所（HPI）的设计思维学院。在这里，来自各个不同科系的学生一起开发各种跨学科的项目，研究出关于各个领域的创新解决方案，并取得了巨大的成功。此前，乌尔里希·怀恩贝格在波茨坦/巴伯尔斯贝格的影视高等学校（HFF）担任电脑动画教授，领导当地的数字媒体学院（DMI）。2004 年起，他还担任了中国传媒大学的客座教授。

创新在活动领域的运作

对话约阿希姆·库尼希（Joachim König）

圆满成功的活动取决于它的内容和激励人心的场地。让我们先讨论场地，您在这方面看到了哪些创新的机会？

约阿希姆·库尼希：回顾汉诺威会议中心的百年历史，我们遵循着我们的口号“传统与创新”。我们思考着未来会有什么样的可能，以此来为客户提供理想的平台——那种更多功能、更灵活、技术更先进的平台。例如，我们在所有新装修的会议室中都配置了磁性化的墙纸和磁贴，以便随时取用。我们认真地观察哪些新型理念可以为我们所用。比如说借助最近我们从色彩心理学中获得的信息，我们有意识地将一些房间布置成那样的氛围。今后会实践更多其他的理念，比如芳香疗法等，但目前我们还没有进一步的认识。我们自己也在思考如何脱颖而出，我们的客人会对哪些东西留下印象。比如，作为公司可持续发展理念的一部分，我们有一个经过认证的有机餐厅，它是我们员工自发开展的产物，在会议中心中间的庭院中，还有一个有机草药园为其锦上添花。

最近几年，您作为会议组织者，有没有注意到一些实质上的创新?

约阿希姆·库尼希：我认为，那些传统的活动形式之间的界限会逐渐消失。这一趋势在未来几年中还会加强。很多时候我们不再会有单纯的展会、大型会议或是研讨会，取而代之的是各种组合，比如展会活动中穿插的大型会议或是带有针对终端客户活动的专业会议。时间效率同经济可行性一样，在此扮演着同样的角色。例如，在后一种情况下，只需组织一次活动、消耗一次财力就能满足两种不同的目标群体。

在您看来，发展的方向在哪儿?

约阿希姆·库尼希：我们将会获得更多的活动模式，其中一部分来自技术领域（通过 iPad、笔记本电脑或者手机进行互动）；另一部分来自与传统演示沟通技能恰好相反的方向，比如 Barcamp 创新论坛或者相类似的东西，或者单是那些老套的演示沟通技能，当然也可能是这两种趋势的相互结合。发展的动向是，与会人员尽可能多地参与，最大限度地把现有的知识发挥出来，以及将参与者的专长融进去。

在活动组办领域，科技是创新的驱动因素吗？

约阿希姆·库尼希：是的，但不是唯一的因素。大公司在内部开发出一些概念来迫使组办方改变，是一直并且将继续存在的一种情况。举个例子，比如可持续发展的课题。对于组办方来说，或多或少地还是存在疑虑。然而，我们看到的是，一些 DAX 公司[①]、协会、大型组织都拥有完备的可持续发展准则。在企划演示的时候，组办方在确定可持续发展理念方面有时是决定性的。所以，我们作为先驱者，对我们在可持续发展中做出的明确承诺以及确保执行可靠等方面的进步感到十分满意。在活动组办领域，不论过去还是现在都充斥着许多的意见，但要想有所创新就不能太受其钳制。

那也就是说，创新需要勇气？

约阿希姆·库尼希：要达到创新，我们必须有不走寻常路的勇气。那些能推进事物发展的人往往爱提两个问题："为什么？""为什么不呢？"对我来说第二个问题在竞争环境中更加令我兴奋。如果我做一件其他人不去做或者很少去做的事情，当这件事成功的时候，我就比别人领先了一步。就像迈克尔·舒马赫（Michael

① 指德国 DAX 股票指数中所涉及的 30 家公司，包括大众汽车、西门子、宝马、阿迪达斯、德国电信等公司。——编者注

Schumacher）说的："前方总有位置！"

创新是可以学习的，或是说我们应该在选择员工的时候多加留意？

约阿希姆·库尼希：如果可能的话，选择合适的员工是最好的途径。你需要那些随时准备着，能够负责自主做事且共同开发的人。作为领导者，你必须能够把事情分配给别人，但又同时放手让员工自己去做，即使有些是你自己事先没有想到的，但对业务却是有帮助的事情。例如，我们在培训生项目方面积累了很多积极的经验，这些培训生自己对所承担的活动项目负责，并给出设计理念。此外，我们还提供继续教育、交流项目，让我们的员工访问展会，到别人那里去或是参加其他活动，以便他们能够收集更多新的经验。

您对那些希望通过新想法来使客户获得惊喜并提高服务质量的活动举办方有什么建议？

约阿希姆·库尼希：我认为会议中心本身也应该成为发展的驱动。这意味着，你要自己承担那些活动在经济上的风险。许多公司都在亏损，而政府的补贴力度可能会因为财政的紧缺而继续下降。更高的服务质量不仅包括提供房间，而且还需给出实质性的能力，并为客户带来动力：现在是应该搞一场活动的时候了！你可以同那些经常观察有趣的研究及商业领域的调研人员合作。给予客户的信号必须是："在有人可能在美国做这件事之前，我们必须把这个活动办成！组织上的事情，我们来替你承担。"有这样的出发点，这项活动就有可能在你这里持续地举办下去。

近期有哪些服务体验给您留下了深刻的印象?

约阿希姆·库尼希: 某一个单独的体验我说不上来。如果能够成功地造就一个大环境，那样就能够让我信服。如果我能察觉到某个人在做某件事情的时候乐在其中并且诚恳地为了客户能够获得舒适感而付出，那么诸如用错了酒杯或者是把刀叉放反了这样的小错误，很快就可以被原谅。

图6.2　约阿希姆·库尼希

约阿希姆·库尼希所是汉诺威会议中心的总监，以及欧洲会议活动中心协会的主席。2007年以来，他主持下的汉诺威会议中心于2012年在“绿色全球杰出成就奖”（Green Globe Outstanding Achievement Award）中被授予全球最佳会议中心的称号。“绿色全球杰出成就奖”是全球在可持续发展领域内最具声誉的奖项。此外，汉诺威会议中心同样于2012年在达姆施塔特（Darmstadt）举办的“绿色会议活动”的大会上因其在活动组织领域为可持续发展做出的贡献获得了“会议活动专家绿色奖”（Meeting Experts Green Award）。

让 Qnigge® 检验清单提升企业的服务质量

那些不再改善的人，也将不再优秀。

——理查德·史密茨

（布莱内公园酒店总监）

★开发出属于自己的检验清单

下面的清单涉及了本书六个核心章节中所描述的重要方面。它并非详尽无遗，只做抛砖引玉之用。你可以自己添加更多的要点，以适应你公司的特别要求。

你还可以发送邮件至 Info@ qnigge. de（邮件标题：清单——好是远远不够的），我们会回复给您该检验清单的 Word 文档。如果你不确定如何快速轻松地在你自己的公司中使用该清单，我们将很乐意给你提出进一步

的建议。请给我们写信！（见表 7.1）

表 7.1　组织和管理工具的实际分析清单

项目	存在（书面形式）	始终是最新的版本	部分存在（书面形式）/部分为最新版本	不存在
1. 价值反馈				
管理层有意执行的、明确表述的价值	☐	☐	☐	☐
经共同表决的统一管理方针	☐	☐	☐	☐
适用于所有人的质量政策	☐	☐	☐	☐
有关可持续发展以及企业社会责任的规范	☐	☐	☐	☐
2. 建立起合适的团队				
在组织机构图里对所有岗位都有描述	☐	☐	☐	☐
对所有领导岗位以及对所有员工的职位描述	☐	☐	☐	☐
以专业为准则的选拔流程（按照职位及要求描述）	☐	☐	☐	☐
以人格特点为准则的选拔流程并使用专业的工具（例如 Reiss Profile®）	☐	☐	☐	☐
明确地规范了员工以及培训生的入职流程	☐	☐	☐	☐

续表

项目	存在（书面形式）	始终是最新的版本	部分存在（书面形式）/部分为最新版本	不存在
明确地规范员工试用期从开始之日到结束之时的流程	☐	☐	☐	☐
未达到要求的员工的离职有明确的程序可走	☐	☐	☐	☐
新员工在入职时会拿到一本含有重要信息的质量手册	☐	☐	☐	☐
与员工定期的谈话	☐	☐	☐	☐
对部门经理有每年更新一次的目标规划	☐	☐	☐	☐
对员工有每年更新一次的目标规划	☐	☐	☐	☐
除了针对“高潜力”人群外，对普通员工也有通过继续教育而开展的人事发展和培训理念	☐	☐	☐	☐
3. 标准及流程				
经过培训的、直接隶属于管理层的质量管理代表	☐	☐	☐	☐
企业的各个部门都存在质量管理促进者	☐	☐	☐	☐

续表

项目	存在（书面形式）	始终是最新的版本	部分存在（书面形式）/部分为最新版本	不存在
所有部门的组织结构标准都含有： • 流程概览 • 节点定义 • 流程描述 • 检验清单 • 模板 • 表格	□	□	□	□
是否参加认证的决定	□	□	□	□
书面形式的会议纪要以及内部沟通规范	□	□	□	□
书面形式的对于所有员工适用的行为守则（如关于着装、排班表、休假、权限等信息）	□	□	□	□
关于接听电话的行为规范	□	□	□	□
对于内部笔记和信息处理的规范	□	□	□	□
如何处理投诉的明确规定： • 权限 • 进行辩解时的规范	□	□	□	□

续表

项目	存在（书面形式）	始终是最新的版本	部分存在（书面形式）/部分为最新版本	不存在
所有员工都知悉的、关于处理突发状况的规范： • 火灾 • 抢劫 • 中毒 • 死亡 • 危机场景（疫病/IT 系统失灵）	☐	☐	☐	☐
4. 给员工提供服务				
公司层面以及所有部门层面的组织结构图： • 带有专业技能信息链接的树状结构图 • 网络状的图示	☐	☐	☐	☐
所有部门的组织结构手册都含有： • 流程概览 • 节点定义 • 流程描述 • 检验清单 • 模板 • 表格	☐	☐	☐	☐
所有部门都能在内网/外网中找到组织结构手册（例如，通过 orgavision® ）	☐	☐	☐	☐

续表

项目	存在（书面形式）	始终是最新的版本	部分存在（书面形式）/部分为最新版本	不存在
针对外部人员（客户、其他利益相关者）的质量手册，其中包含了企业对于质量的要求	□	□	□	□
5. **反馈**				
定期的客户问卷，并进行统一评估	□	□	□	□
与员工定期的年度谈话以及针对特定事项的谈话	□	□	□	□
定期的员工问卷，并进行统一评估	□	□	□	□
定期的 360 度测评	□	□	□	□
定期的内部审核	□	□	□	□
定期的外部审核	□	□	□	□
参与行业竞争以求得反馈	□	□	□	□
参加认证： • 跨行业的认证，比如 ISO 9001（质量管理）或是 ISO 14001（环境管理） • 行业内部的认证	□	□	□	□

续表

项目	存在（书面形式）	始终是最新的版本	部分存在（书面形式）/部分为最新版本	不存在
由此引申出的改正和预防措施	☐	☐	☐	☐
6. 创新管理				
企业中有如何产生新理念的日常运作（例如，给员工试验的时间、跨部门的项目团队、参加创新会议和展会）	☐	☐	☐	☐
对于如何评估和执行新想法的明确流程（参见“第六步”中的门径管理概要®模型）。	☐	☐	☐	☐
你知道能给公司带来收益的有关服务和产品的新想法	☐	☐	☐	☐
带有反馈和评估的业务改善及建议收集系统平台	☐	☐	☐	☐

Qnigge® 为企业带来质量管理的喜悦

说得已经够多了，让我看看到底怎么做吧！

——约翰·沃尔夫冈·歌德

（《浮士德》第一部）

★成功者的格言：更好比更便宜更重要

服务是我的人生主题。真正的服务质量是一项永不间断的挑战，它在任何时候都不会完结。毫无疑问，忍耐这个长期的挑战过程，虽然有时是乏味的，但很值得。在我写完这本书的时候，《哈佛商业经理》杂志分析了公司如何才能成为那种长期成功的公司，也就是所谓的“回报奇迹”。一个来自德勤（Deloitte）会计师事务所的高素质财务顾问团队，细致入微地对一个包含 25 000 家美国企业的数据库数据进行了分析。这些企业在 1966—2010 年有上市记录并且常年属于总体资产回报率最好的前 10% 的公司。分析认为，那些取得长期且成就巨大的公司坚信一个最重要的原则：更好比更便宜更重要。

★在危机时刻也要重视质量

“如果那些顶尖企业为了降低价格而在质量上做出节省，那么最终它们是会走下坡路的。”迈克尔·莱诺（Michael E. Raynor）和穆塔茨·阿梅德（Mumtaz Ahmed）这样写道。[①]根据调研显示，这个说法适用于所有企业，从物流公司到纺织公司，从日用品行业到家电制造商。在建材行业，2013 年夏天 Praktiker 公司的倒闭只是一个开始，如果不注重服务质量，类似事件还会接踵而来。而年轻时尚品牌 Abercrombie & Fitch 的做法恰恰相反，它的服务理念让约尔格·希夫曼感到十分惊喜（参见“第三步”中的访谈），而且它也不走特价和打折这条路，即使在 2008 年经济危机期间，它仍然能够加大力度维持非凡的购物体验。这说明在质量上的付出终究是值得的！

冷静的数据分析师也包括维也纳经济大学的阿敏·威登艾格（Armin Wiedenegger）和企业咨询师弗兰茨·彼得·瓦尔德（Franz Peter Walder）。他们对“公司整体的服务质量”（使用全面的质量管理或 EFQM 模式）和企业成功的原因进行了大量研究。同样在 2013 年夏天，

---

① 资料来源：Michael E. Raynor/Mumtaz Ahmed，3 Regeln für den Erfolg，in：Harvard Business Manager Juni 2013，S. 22 ff.，hier：S. 28。第二条规则为“业绩较成本优先”，以此也就强调了质量的意义，因为成本降低通常会导致质量下降。第三条规则为“没有其他的规则”。

他们得出的结论是：始终进行质量管理对公司经济效益的影响是“积极和极为显著的”。[①]

质量管理的好处还体现在你看年度报表时的快乐心情。然而，这种快乐首先来自能确保自我任务的完成和我们获得的经验——去说服客户甚至是给他们带来惊喜。此外，更来自一个雄心勃勃的团队为应对服务挑战所进行的质量管理方面的设计和优化。企业经深思熟虑后制定的标准和规则奠定了质量管理的基础，以实际出发的文档记录确保了连续性。Qnigge® 原则就可以用这么一句话来概括：持续地改进和创新可以防止公司停滞不前，而一种基于明确价值和公开反馈的企业文化能把员工融入整个工作流程。

★Qnigge® 原则

Qnigge® 原则做到了“好是远远不够的”，这也是本书的宗旨。本书不是关于质量管理的理论手册，而是一本实用的书，旨在为企业的日常业务提出建议。任何对完美的追求都应该通过不断地挑战自己，诸如点滴地改善服务管理以及适应客户不断变化的要求来实现。对于后续版本，我们将始终如一地严格审查书中的内容、例子以及操作建议。如果你有任何建议或提示，我们很乐意与你取得联系。

现在轮到你了！你会首先实施哪些举措呢？祝愿你旗开得胜，并让质量给你带来更多的喜悦！

马库斯·魏德纳

---

① 资料来源：Armin Wiedenegger/Franz-Peter Walder，Der Weg zu Unternehmensqualität und Business Excellence：Für Hartnäckige attraktiv，in：Qualität und Zuverlässigkeit，Jahrgang 58 （2013），Heft 7，S. 23ff.，hier：S. 24. Im Netz unter www. qz-online. de。

参考文献

Jürgen Abendschein/Karin Letter, Qualitätsmanagement. SMART-QM für Dienstleister. Berlin: Cornelsen Scriptor 2011.

Markus Brand/Frauke K. Ion (Hrsg.), Die 16 Lebensmotive in der Praxis: Training, Coaching und Beratung nach Steven Reiss. Offenbach: GABAL 2011.

Manfred Bruhn, Qualitätsmanagement für Dienstleistungen. Grundlagen – Konzepte – Methoden. Heidelberg: Springer 2011.

Marcus Buckingham/Curt Coffman, Erfolgreiche Führung gegen alle Regeln. Wie Sie wertvolle Mitarbeiter gewinnen, halten und fördern (Konsequenzen aus der weltweit größten Langzeitstudie des Gallup-Instituts). Frankfurt: Campus 2001, 4., aktualisierte und erweiterte Aufl. 2012.

Jim Collins, Der Weg zu den Besten. Die sieben Management-Prinzipien für dauerhaften Unternehmenserfolg. München: dtv, 8. Aufl. 2008 (Neuausgabe: Campus Verlag 2011).

Robert G. Cooper, Top oder Flop in der Produktentwicklung. Erfolgsstrategien: Von der Idee zum Launch. Weinheim: Wiley-VCH 2010.

Deutsche Gesellschaft für Qualität (DGQ), Leitthesen für Qualität in Deutschland. DGQ 2012.

Matthias Gouthier, Kundenbegeisterung durch Service Excellence. Erläuterungen zur DIN SPEC 77224 und Best-Practices. Berlin /Wien/Zürich: Beuth 2013.

Alexander Groth, 30 Minuten Stärkenorientiertes Führen. Offenbach: GABAL, 4. Aufl. 2012.

Sabine Hübner, Service macht den Unterschied. Wie Kunden glücklich und Unternehmen erfolgreich werden. München: Redline 2009.

Frauke K. Ion/Markus Brand, Motivorientiertes Führen: Führen auf Basis der 16 Lebensmotive nach Steven Reiss. Offenbach: GABAL2009.

Walter Jochmann/Sascha Gechter (Hrsg.), Strategisches Kompetenzmanagement. Heidelberg: Springer 2006.

Gerd F. Kaminske/Jörg-Peter Brauer, Qualitätsmanagement von A bis Z. Erläuterungen moderner Begriffe des Qualitätsmanagements. München: Hanser, 6. Aufl. 2008.

Klaus Kobjoll/Markus Wiesmann, MAX® -Das Stimmungsbarometer. Mitarbeiterführung mit Werten und Zielen. Zürich: Orell Füssli 2012.

Anders Parment, Die Generation Y-Mitarbeiter der Zukunft. Herausforderung und Erfolgsfaktor für das Personalmanagement. Wiesbaden: Gabler 2009.

Hasso Plattner/Christoph Meinel/Ulrich Weinberg: Design-Thinking. Innovation lernen-Ideenwelten öffnen. München: mi-Wirtschaftsbuch 2009.

Markus F. Weidner, Mit werteorientierten Veranstaltungen Glaubwürdigkeit beim Publikum erzielen, in: Werte 2.0, hrsg. v. Stefan Luppold. Sternenfels: Verlag Wissenschaft und Praxis 2013, S. 53 ff.

Markus F. Weidner, Der Einsatz des Reiss Profiles beim Aufbau eines internen Qualitätsmanagements am Beispiel einer Hotelkette; in: Die 16 Lebensmotive in der Praxis: Training, Coaching und Beratung nach Steven Reiss, hrsg. v. Markus Brand/Frauke K. Ion. Offenbach: GABAL 2011, S. 308 ff.

致谢

众人拾柴火焰高。这本书的内容积累始于我在酒店业的13年服务实践中，我很感激这段时光！我众多的客户，他们允许我在过去近20年的时间里作为顾问伴其左右，他们不断地挑战我，让我再三地去重新思考关于服务和管理在不同行业中的实施。如果没有他们，是无法完成经验积累的。

我要感谢那些给予我采访机会的专家：佩特拉·贝格曼博士、马库斯·布兰德、斯文·弗莱克、乌特·弗拉肯豪斯、萨宾娜·胡布纳、瓦尔特·约赫曼博士、沃尔夫冈·凯尔科斯博士、克劳斯·科布耀、约阿希姆·库尼希、赫尔格·莱泽维茨、卡斯滕·拉特、伍尔夫·莱恩哈特、萨宾娜·罗克、约尔格·希夫曼、迈克尔·维普勒、乌尔里希·怀恩贝格、教授以及马库斯·威斯曼。非常感谢你们大家！同样我要非常感谢我的妻子汉娜洛尔·魏德纳（Hannelore Weidner），她为我的工作解除了后顾之忧，是我交流的伙伴，并给了我许多重要的建议。最后要感谢我的同事海克·凯尔以（Heike Kehl）及斯蒂菲·普拉珀特（Steffi Plappert），如果没有她们在办公室的支持，所有项目都不可能实现。

马库斯·魏德纳

2013年9月于卡尔本